En
la ardiente oscuridad

DRAMA EN TRES ACTOS

ANTONIO BUERO VALLEJO

Edited by
SAMUEL A. WOFSY
University of California, Santa Barbara

With an Introduction
by JUAN R.-CASTELLANO
Duke University

CHARLES SCRIBNER'S SONS

NEW YORK

CONTENTS

PREFACE

Teachers of Intermediate Spanish will find *En la ardiente oscuridad* an admirable classroom play for several reasons: it is one of the major dramatic works of the modern Spanish theater; its theme, simply and powerfully presented, is well within the emotional grasp of the student; and its vocabulary, with few exceptions, does not exceed the range of frequency necessary for a successful assimilation.

The play, consequently, has the additional merit of being easily adapted to amateur performances by Spanish classes. It has already been produced in English at the Santa Barbara College of the University of California,[1] and judged by competent critics to be the dramatic event of the last few years (its season also included Giraudoux's *The Mad Woman of Chaillot* and Anouilh's *Antigone*).

The experience of most teachers has shown that exercises are more useful if based on sections of text somewhat smaller than that of the full act. Therefore, each act has arbitrarily been divided into smaller units. The aim in phrasing the exercise questions has been to avoid the need for answers too complicated for the average student. The questions, furthermore, were meant to be stim-

---

[1] Under the direction of Prof. Theodore W. Hatlen of the Speech Department and as part of its theater program.

ulating rather than exhaustive. The *Repasos de modismos* were designed to list only the more common idioms. Students, progressively building vocabularies, must be expected to master such common verbs as *acostarse* and *carecer* (*de*) whether singled out or not from the general vocabulary.

The notes include the translation of all words (appearing for the first time) beyond the range of the Buchanan list. The relative infrequency of these will not fail to impress the teacher coping with the problem of texts that overtax the linguistic capacity of his students.

Grateful acknowledgments are due the author, Antonio Buero Vallejo, for his generous interest both in the preparation of this, his first Spanish publication in the United States, and the translation and adaptation of his work for the American theater; to Professor Juan R. Castellano whose thoughtful reading of the manuscript has resulted in many improvements; and, finally, to my wife, Frances Wofsy, for her conscientious and devoted labor throughout the preparation of this text.

S.A.W.

INTRODUCTION

1. BIOGRAPHICAL NOTE

The contemporary theater in Spain, as an expression of the modern European theatrical tradition, was destroyed by the civil war which devastated that country from 1936 to 1939. The dictatorship, forcibly replacing the short-lived Republic, represented a way of life inimical to the majority of Spanish writers; and, as a result, many fled into exile to avoid imprisonment or death. Of the two leading dramatists of established reputations prior to the war, García Lorca, primarily a poet, was murdered by political assassins in the early days of the fighting; and Alejandro Casona fled to a self-imposed exile in Argentina where he has lived and worked since 1939.

The theater, struggling to survive, naturally reflected both the unsettled social conditions and the loss of its gifted dramatists. It lapsed into quiescence, presenting, for the most part, comedies whose chief merit was the avoidance of any issue likely to bring the wrath of a politically sensitive government down upon its head. It was an understandable precaution, but one characteristic of a moribund theater.

In 1949, however, ten years after the "great eclipse," the first indication of a new vitality in the theater occurred when Buero Vallejo's *Historia de una escalera*

was presented at the state theater in Madrid. His first
play, its immediate success with both critics and audience
gave him a ranking position among the younger dramatists; and his stature has grown to the point where now
he and Casona are considered the two important Spanish dramatists of the last twenty years.

Antonio Buero Vallejo was born September 29, 1916,
in the provincial capital of Guadalajara. After finishing
his studies for the *bachillerato*, he went to Madrid where,
interested in art, he enrolled in the *Escuela de Bellas
Artes*. Like so many men who later achieved distinction
in literature, his first love was painting, an invaluable
apprenticeship in observation. Two years later the civil
war exploded, and Buero Vallejo left school to enlist in
the Republican army as a medical-aid man, a modest
collaboration which, notwithstanding his youth and political unimportance, brought him six years of imprisonment at the end of the war. When he was released in
1945, his interest had shifted to literary pursuits, and he
was to spend the next four years writing plays, painting
only enough pictures to earn a livelihood.

These four years, insofar as the theater was concerned,
were spent in obscurity. "No one," wrote A. Marquerie,
in his foreword to *Historia de una escalera*, "or almost
no one in Spain knew this tall, thin, pale, and timid
young man who, notwithstanding, walks with short and
firm steps and, although in a low voice, expresses himself
in short and concise words." In 1949, however, he was
awarded two important prizes for two works he had written during those earlier four years.

The first prize, the "Lope de Vega," was awarded to
Historia de una escalera. Granted by the City of Madrid,

it is offered yearly for the best nonperformed play entered in the competition. It is considered the National Theater Prize carrying the greatest distinction in Spain, and the award guarantees a first performance at the *Teatro Español*, one of the two state-sponsored Spanish theaters. The other prize, the "Amigos de los Quintero," is awarded annually for the best one-act play entered. Buero won this prize for *Las palabras en la arena*, performed for the first time in the *Teatro Español* by the students of Speech and Drama at the Madrid conservatory.

The fact that a completely unknown and uninfluential playwright—in addition, a recent political prisoner—should obtain these two coveted awards made Buero overnight a controversial figure. The more vociferous defenders of the Franco regime were openly hostile, reflecting, in a sense, the governmental attitude. Others, particularly one of the most arbitrary and influential critics of the Madrid press, negatively qualified their praise. And there were those, in subtle opposition, who predicted that Buero, apart from the prizes, had little box office appeal. Consequently, producers, sensitive to critical opinion, have been hesitant in staging his plays.

Despite the increasing opposition to Buero's work by some critics, his plays are always received as theatrical events. In response to a questionnaire circulated by the Institute of Public Opinion in 1952 to literary and theatrical people, Buero was the second "favorite author" (the first place was given for obvious reasons to the octogenarian Benavente); among the works that "pleased most," Buero was the only author with three entries, the three plays already performed, and listed in this order: *En la ardiente oscuridad, Historia de una escalera*, and *La te-jedora de sueños*.

Buero Vallejo so far has been able to get a hearing for his plays. His ultimate influence in the Spanish theater is difficult to assess. His Republican and democratic background, his neutrality in politics, his failure to openly support the Franco regime in Spain have placed him, to say the least, in a difficult position.

2. CHARACTERISTICS OF BUERO VALLEJO'S THEATER

Some will question José Narcisidor's statement that the Spanish literature of today is one of pessimism, fatality, and defeatism, the inevitable result of postwar disillusionment. It is generally agreed, however, that Buero Vallejo's theater is profoundly serious, the work of a man who has pondered deeply the philosophic implications of history. It has given him a unique position among his contemporaries, for, almost single-handedly, his plays have given the Spanish stage a vitality that has brought it back into the main stream of the modern European theater. Buero, to accomplish this, had to break with the immediate past, to develop new themes and to devise new forms or revive older ones, such as tragedy, adequate to their presentation.

The commercial Spanish theater, since about 1910, has not been interested on the whole in serious drama. Consequently, contemporary dramatists, writing for this clearly defined popular theater, have had little reason to attempt other forms of dramatic production. Eduardo Haro Tecglen, in *Informaciones,* summarized clearly Buero's contribution when he wrote that Spanish drama

was almost purely ritualistic, with violent situations,
grandiloquent concepts, and an exaggerated acting tradition that emphasized gesticulation and loud emotional
diction. Buero, at one stroke, cut through this arid styli-
zation, substituting a deceptively simple and psychologi-
cally penetrating drama of ordinary people striving to
fulfill their innate destinies in whatever terms, consistent
with human dignity, were open to them.

Buero's bold use of the devices of tragedy, his intuitive
and mature grasp of the implications of tragedy itself
as an expression of man's noblest and most profound in-
quiry into the sources of his own nature, has led Spanish
critics to characterize Buero as a pessimistic writer. Buero
has answered this by saying that "most of the world's theatrical masterpieces have been tragedies," and that "fully
developed and inspired authors of any period have, as
a rule, written tragedies." In an article he wrote for *Informaciones* defending tragedy, he added shrewdly, "No
young writer can, either biologically or socially, be a
pessimist; . . . inwardly I see myself as a man and a
writer with tragic inclinations, which means more or less
just the opposite of sheer pessimism."

Buero saw himself rather as a realist, searching for the
essential meanings of life, recording the contrasts of light
and dark, of good and evil, which alone give it signifi-
cance. It is for this reason that he has recreated Greek
myths (*La tejedora de sueños*) as Jean Giraudoux and
Jean Anouilh did in France, or freshly interpreted biblical
incident (*Las palabras en la arena*). All is grist for the
writer, working as Buero does from an integrated and
sharply defined point of view, and, as in *La señal que
se espera*, he may find even in legend, the half-forgotten

and superstitious tales of folklore, seminal ideas which, refocused in contemporary terms, throw new light upon, or redefine, basic human problems, the quest for individual self-realization.

Buero's method is to present life as it is, without attempting to reform, or to offer any solutions, other than those implicit in life itself. The function of a work of art does not include, Buero believes, ready-made or easy moral teachings as such. "The rationalistic desire," Buero wrote in the defense of tragedy already quoted, "of solving everything is so strong among us that we cannot tolerate a work that does not offer an explanation or lesson. But a play is not a treatise or an essay; its mission is that of portraying life, and life is usually stronger than ideas."

Still, life can only be represented in terms of ideas; and these ideas are often, necessarily, symbolic. How else can our notions of life be compressed into a comprehensible and meaningful shape? Buero's style, simple, direct, devoid of the sentimental bombast to which the Spanish theater has been accustomed, has strengthened his handling of the symbolic values inherent in both his motifs and characters. While some of the mystical nuances of Buero's symbolism have confused, and at times perturbed, his audiences, nevetheless it is closely attuned to the advanced theater of other countries, for example, in the work of Giraudoux in France, and that of Tennessee Williams in the United States. Probably the finest craftsman in the Spanish theater today, Buero Vallejo has broken away from the relentless drive for conformity of most of his contemporaries; he has renounced the *bulevard*, the commercial theater with its commonplaces and frivolous attitudes. His is the lonely task of the dedicated artist whose integrity and belief have committed him irrevocably, and without thought of fame or recompense, to the development of a great new Spanish theater.

3. EN LA ARDIENTE OSCURIDAD

This is the second full three-act play that Buero Vallejo wrote. It demonstrates, without the loss of either the freshness or dramatic value which won critical recognition for *Historia de una escalera*, inevitable technical developments over the earlier play.

En la ardiente oscuridad is, without doubt, a disturbing play. Buero recognized this, and in his prefatory remarks to its first performance at the *Teatro Español* he explained that "notwithstanding the paradox of the title, my drama does not offer any paradox, but a couple of hours of reflection and emotion. I do not aspire to amuse, but rather to produce interest and, perhaps, to entertain." (*Teatro Español, 1950–1951*, Madrid, 1952.)

The locale of the play is in itself a novelty in the theater; an institution for the blind, whose inmates, with the exception of the director's wife, are blind from birth. The atmosphere is one of carefree optimism; the blind living quiet cheerful lives, devoted as nearly to normal activities as their blindness permits.

The play opens with a group of young people moving freely about, laughing and joking. This happy and infectious gaiety is emphasized by our introduction at once to the idyllic love affair of the strong, energetic Carlos and the lovely Juana, and that of Elisa, a girl "de físico vulgar y de espíritu abierto" and Miguelín, "un estudiante jovencito y vivaz," the humorist of the group.

Into this artificial paradise, however, there comes a new pupil, Ignacio, the rebellious and discontented "angel of discord," a young man conscious of his blindness, and determined not to tolerate the fiction and hypocrisy in which the others have been living. His introduction of himself as a "pobre ciego" is deliberate; it is a word never pronounced by the blind inmates who have been instructed by the director to use the word *invidente* instead.

From the moment Ignacio enters the institution, everything is upset: the couples in love part company; the lightheartedness and joy disappear. The director, believing that "los muchachos de este tipo están hambrientos de cariño y alegría y no suelen rechazarlos cuando se saben romper sus murallas interiores," tries to win Ignacio over. He suggests that his fellow students treat him with kindness, but to no effect. Ignacio is still the rebel, and by declaring that life in the school "es solamente una mentira de existencia," he breeds doubt, mistrust, and dissatisfaction.

It is then that Carlos, an old student of the institution, and defender of its methods, reacts violently. It is apparent to him that Ignacio is destroying the happiness existent before his arrival, and that he is a rival for Juana's love. The pathetic and dramatic struggle between the two ends with the death of Ignacio under mysterious circumstances.

Few playgoers can remain unmoved by this drama, so full of human warmth and pity. But, in reality, has the drama ended or is it now that it really begins? Carlos has recovered his Juana, the blind are now free from the rebellious spirit, but can they regain the undisturbed harmonious bond of love, friendship, and trust they enjoyed

before? Carlos and his companions, made self-conscious
of their affliction, can never be really happy; they have
ceased to be what they once were, they are aware of darkness and light. Their innocent world has been lost forever.

In a larger sense, *En la ardiente oscuridad* is symbolic
of human nature. Human beings long continually to
reach out, to see beyond the limits which their very physical nature and their society impose on them. The symbol
of blindness represents the obscurity which surrounds
man, his uncertainty, his continual fear of the unknown.
Ignacio, the proud rebel, symbolizes the dreamer of things
unknown, the iconoclast who rejects and yet longs passionately for something beyond his possession, who cannot be content existing with blindness in his heart.

"Bien sé," Ignacio says, "que si gozara de la vista
moriría de pesar por no poder alcanzarlas [i.e., las
estrellas]." The meaning of life, Ignacio implies, is known
only through facing reality, unflinchingly and without
evasion.

The locale and theme of the play have brought upon
it a great deal of unfavorable criticism, although Buero
has repeatedly stated that he had in mind no real institution of the blind. "It is not them," he protested, "I tried
to portray, but all of us." In Barcelona, the blind objected
so vehemently that the management of the theater in
which the play was being performed was compelled to
close it after nine days. Nearly all the newspapers in
Spain sided with the blind. It is a strange reaction, indeed, for Buero has no particular point of view toward
the blind; he treats them as human beings living as con-
tentedly as possible in an environment that seems to them
happy on the whole. The tragedy of the play lies not

in the portrayal of the blind but in the impossibility of their gaining sight.

4. BUERO VALLEJO'S PLAYS

The following is a list of the plays of Buero Vallejo, giving the dates of the first performance in Madrid and of all the extant editions:

Historia de una escalera. Drama en tres actos. "Lope de Vega" prize (1949). First performance: "Teatro Español," October 14, 1949.[1] Editions: "Colección Manantial que no cesa," Barcelona (José Janés, editor), 1950; *Teatro Español, 1949–1950,*[2] "Colección Literaria," Madrid (Aguilar, S.A.), 1951; "Colección Teatro," No. 10 (*Extra*), Madrid (Ediciones Alfil), 1952.

Las palabras en la arena. Tragedia en un acto. First prize of "Amigos de los Quintero" Association (1949). First performance: "Teatro Español," December 19, 1949.[3] Published in "Colección Teatro," No. 10 (*Extra*), Madrid (Ediciones Alfil), 1952.

En la ardiente oscuridad. Drama en tres actos. Performed for the first time in "Teatro Nacional María Guerrero," December 1, 1950. Published in "Colección Teatro," No. 3, Madrid (Ediciones Alfil), 1951, and in *Teatro Español,*

---

[1] *Historia de una escalera* has also been staged outside of Spain, in Mexico, Argentina, Chile, Cuba, and other places.

[2] This collection of the best plays of the year is edited with *Prologue, Notes,* and *Appendix* by Carlos Sáinz de Robles.

[3] This single performance was given under the direction of doña Ana Martos de la Escosura, professor at the Madrid Conservatory. In order to stage it, it was necessary to withdraw from the bill for one night, *Historia de una escalera.*

1950–1951, "Colección Literaria," Madrid (Aguilar, S.A.), 1952.[4]

La tejedora de sueños. Drama en tres actos. First performance: "Teatro Español," January 11, 1952. Published in "Colección Teatro," No. 16, Madrid (Ediciones Alfil), 1952, and in *Teatro Español, 1951–1952,* "Colección Literaria," Madrid (Aguilar, S.A.), 1953.

La señal que se espera. Comedia dramática en tres actos. First performance in "Teatro Infanta Isabel," May 21, 1952. Published in "Colección Teatro," No. 21, Madrid (Ediciones Alfil), 1952.

Casi un cuento de hadas. Una glosa de Perrault, en tres actos.[5] First performance in "Teatro Alcázar," January 9, 1953. Published in "Colección Teatro," No. 57, Madrid (Ediciones Alfil), 1953.

Aventura en lo gris. Drama en dos actos y un intermedio.[6] *Unpublished:*

Madrugada. (In preparation)

5. SELECTED BIBLIOGRAPHY

A brief list of critical information concerning Antonio Buero Vallejo and his work:

[4] Although the author informs us that he has "revised several translations of his works into English, French, Italian, and German," this writer knows of only one translation available—the one made of *En la ardiente oscuridad* by the editor of the present edition and adapted for the American theater in collaboration with Theodore Hatlen.

[5] A stage version of a story by the French writer Charles Perrault (1628–1703) entitled *Riquet à la houppe.*

[6] For unknown reasons this play which was accepted in its repertoire by the Teatro Nacional María Guerrero was not performed during the winter season of 1953, as planned.

BUERO VALLEJO, ANTONIO. "Lo trágico." In *Informaciones*, Madrid (April 12), 1952.

C. G., F. Review of *En la ardiente oscuridad*. In *Cuadernos Hispanoamericanos*, No. 20, Madrid (March-April), 1951, pp. 331–332.

DÍAZ-PLAJA, GUILLERMO. *La voz iluminada*, Barcelona: Instituto del Teatro, 1952, pp. 273–276 (includes a review of *La tejedora de sueños* in *La Vanguardia* of Barcelona).

"Una encuesta sobre Teatro," in *Espectáculo*, Madrid (April), 1952.

G[ARCIASOL], R[AMÓN] DE. Review of *La tejedora de sueños*. In *Ínsula*, No. 74, Madrid (Febr. 15), 1952.

HOYO, ARTURO DEL. Review of *Historia de una escalera*. In *Ínsula*, No. 47, Madrid (Nov. 15), 1950.

Índice de Artes y Letras, No. 50, Madrid (April 15), 1952 (includes an interview with Buero Vallejo about the success of *Historia de una escalera*).

MANCINI GIANCARLO, GUIDO. "Figure del teatro spagnolo contemporaneo." In *Quaderni di critica e storia della letteratura*, Luca (Edizioni Gruppo Culturale "Serra"), 1950.

MARQUERIE, ALFREDO. "Prólogo" to *Historia de una escalera* (ed. José Janés), Barcelona, 1950, pp. 7–13.

NARCISIDOR, JOSÉ. "La literatura española bajo el signo de Franco," *Cuadernos Americanos*, Mexico (May–June), 1952.

SÁINZ DE ROBLES, F. CARLOS. "Breve reseña de una temporada teatral." In *Teatro Español* (1949–1950), pp. 11–23, and in *Teatro Español* (1950–1951), pp. 11–33.

SARTO, JUAN DEL. "Pasado, presente y porvenir del escritor en España." (Interview with Buero Vallejo), in *Correo Literario*, No. 52, Madrid (July 15), 1952.

Teatro Español, 1949–1950, Madrid: Aguilar, S.A., 1951 (includes reviews of *Historia de una escalera,* previously published in the Madrid newspapers *A.B.C., Ya,* and *Arriba*).

Teatro Español, 1950–1951, Madrid: Aguilar, S.A., 1952 (contains reprints from reviews of *En la ardiente oscuridad* in *A.B.C., Informaciones,* and *Arriba*).

Teatro Español, 1951–1952, Madrid: Aguilar, S.A., 1953 (with reviews of *La tejedora de sueños*).

VÁZQUEZ ZAMORA, RAFAEL. Review of *La señal que se espera.* In *Ínsula*, No. 78, Madrid (June 15), 1952.

VIAN, FRANCESCO. "Il teatro de Buero Vallejo." In *Vita e pensiero*, Milano (March), 1952, pp. 165–169.

                                                    J. R-C.

PERSONAJES

Elisa	*Amparo Gómez Ramos*
Andrés	*Miguel Ángel*
Pedro	*F. Pérez Ángel*
Lolita	*Berta Riaza*
Alberto	*Manuel Márquez*
Carlos	*Adolfo Marsillach*
Juana	*Mari Carmen Díaz de Mendoza*
Miguelín	*Ricardo Lucia*
Esperanza	*Mayra O'Wissiedo*
Ignacio	*José María Rodero*
Don Pablo	*Rafael Alonso*
El Padre	*Garbriel Miranda*
Doña Pepita	*Pilar Muñoz*

Esta obra se estrenó en Madrid, la noche del 1 de diciembre de 1950, en el Teatro Nacional María Guerrero.

ACTO PRIMERO

Fumadero [1] en un moderno Centro de enseñanza: lugar semiabierto de tertulia para el buen tiempo.[2] A la izquierda del foro, portalada que da a la terraza.[3] Al fondo se divisa la barandilla de ésta,[4] bajo la cual se supone el campo de deportes.[5] Las ramas de los copudos [6] árboles que en él hay se abren tras la barandilla, cuajadas de frondoso follaje, que da al ambiente una gozosa claridad submarina.[7] Sobre una liviana construcción de cemento, enormes cristaleras,[8] tras las que se divisa la terraza, separan a ésta de la escena, dejando el hueco de la portalada. En el primer término [9] izquierdo hay un veladorcito [10] y varios sillones y sillas. En el centro, cerca del foro, un sofá y dos sillones alrededor de otro veladorcito. Junto al lateral derecho, otro velador aislado con

[1] **fumadero** smoking room
[2] **lugar . . . tiempo** half-open place for informal gatherings for good weather, *i.e.,* sun parlor serving as a student lounge
[3] **portalada . . . terraza** a large door which opens onto the terrace
[4] **la . . . ésta** (*referring to* **terraza**) the latter's, *i.e.,* its balustrade
[5] **campo de deportes** athletic field
[6] **copudos** thick-topped
[7] **cuajadas . . . submarina** covered with luxuriant foliage which gives the atmosphere a pleasant submarine brightness, *i.e.,* which allows the sun to filter through, producing, in the atmosphere, the pleasant effect of sunlight reflected in the water
[8] **cristalera** pane of glass
[9] **primer término** foreground
[10] **veladorcito** small lamp table, end table

I

un sillón. Ceniceros [11] en los tres veladores. Las cristaleras
doblan y continúan fuera de escena, a la mitad del lateral
izquierdo, formando la entrada de una galería. En el
lateral derecho, una puerta.

*(Cómoda [12] y plácidamente sentados, fumando algunos
de ellos, vemos allí a ocho jóvenes estudiantes pulcramente vestidos. No obstante su aire risueño y atento, hay
algo en su aspecto que nos extraña, y una observación
más detenida nos permite comprender que todos son
ciegos. Algunos llevan gafas negras, para velar, sin duda,
un espectáculo demasiado desagradable a los demás; o,
tal vez, por simple coquetería. Son ciegos jóvenes y felices,
al parecer; tan seguros de sí mismos, que, cuando se
levantan, caminan con facilidad y se localizan [13] admirablemente, apenas sin vacilaciones o tanteos.[14] La ilusión
de normalidad es, con frecuencia, completa, y el espectador acabaría por olvidar la desgracia física que los
aqueja,[15] si no fuese por un detalle irreductible,[16] que a
veces se la hace recordar: estas gentes nunca se enfrentan
con la cara de su interlocutor.[17] CARLOS y JUANA ocupan
los sillones de la izquierda. Él es un muchacho fuerte y
sanguíneo,[18] de agradable y enérgica expresión. Atildado
indumento en color claro,[19] cuello duro. Ella es linda y
dulce. ELISA ocupa el sillón de la derecha. Es una muchacha de físico vulgar y de espíritu abierto, simple y
claro. En el sofá están los estudiantes ANDRÉS, PEDRO y
ALBERTO, y en los sillones contiguos las estudiantes LO-
LITA y ESPERANZA.)*

[11] **ceniceros** ash trays
[12] **cómoda** = **cómodamente**
[13] **se localizan** they get to their places
[14] **tanteos** groping
[15] **aqueja** afflicts
[16] **irreductible** inevitable
[17] **nunca . . . interlocutor** never look straight at the person to
whom they are speaking
[18] **sanguíneo** ruddy-faced
[19] **Atildado . . . claro** Neat garment in light color, *i.e.*, he wears
a neat, light-colored suit

ELISA

(*Impaciente.*[20]) ¿Qué hora es, muchachos? (*Casi todos ríen, expansivos, como si hubiesen estado esperando la pregunta.*) No sé por qué os reís. ¿Es que no se puede preguntar la hora? [21] (*Las risas arrecian.*[22]) Está bien. Me callo.

ANDRÉS

Hace un rato que dieron las diez y media.

PEDRO

Y la apertura del curso [23] es a las once.

ELISA

Yo os preguntaba si habían dado ya los tres cuartos.[24]

LOLITA

Hace un rato que nos lo has preguntado por tercera vez.

ELISA

(*Furiosa.*) Pero, ¿han dado o no?

ALBERTO

(*Humorístico.*) ¡Ah! No sabemos . . .

[20] **Impaciente** Impatiently. *Likewise,* **expansivos** (*next line*) expansively, heartily, *and many other examples translated in the vocabulary.*
[21] **¿Es . . . hora?** Is it that one may not ask the time?, *i.e.,* but what's funny about asking the time?
[22] **arreciar** to increase (in intensity), grow louder
[23] **apertura del curso** opening of the course of study, *i.e.,* convocation *or* assembly preceding the start of classes
[24] **tres cuartos** three quarters, *i.e.,* 10:45

ELISA

¡Sois odiosos!

CARLOS

(*Con ironía.*) Ya está bien. No os metáis con ella. Pobrecilla.

ELISA

¡Yo no soy pobrecilla!

JUANA

(*Dulce.*) Todavía no dieron los tres cuartos, Elisa. (MIGUELÍN, *un estudiante jovencito y vivaz, que lleva gafas oscuras, porque sabe por experiencia que su vivacidad es penosa cuando las personas que ven la contrastan con sus ojos muertos, aparece por la portalada.*)

ANDRÉS

Tranquilízate. Ya sabes que Miguelín llega siempre a todo con los minutos contados.

ELISA

¿Y quién pregunta por Miguelín?

MIGUELÍN

(*Cómicamente compungido.*[25]) Si nadie pregunta por Miguelín, lloraré.

ELISA

(*Levantándose de golpe.*) ¡Miguelín! (*Corre a echarse en sus brazos, mientras los demás acogen al recién llegado*

[25] **Cómicamente compungido** With mock distress

con cariñosos saludos. Casi todos, menos CARLOS y
JUANA, se levantan y se acercan para estrechar su mano.)

ANDRÉS

¡Caramba, Miguelín!

PEDRO

¡Ya era hora!

LOLITA

¡La tenías en un puño! [26]

ESPERANZA

¿Qué tal te ha ido?

ALBERTO

¿Cómo estás? (*Sin soltar a* ELISA, MIGUELÍN *avanza
decidido hacia el sofá.*)

CARLOS

¿Ya no te acuerdas de los amigos?

MIGUEL

¡Carlos! (*Se acerca a darle la mano.*) Y Juana al
lado, seguro.

JUANA

Lo has acertado. (*Le da la mano.*)

[26] **La . . . puño** You certainly had her worried

MIGUEL

(*Volviendo a coger a* ELISA.) ¡Uf! Creí que no llegaba [27] a la apertura. Lo he pasado formidable,[28] chicos; formidable. (*Se sienta en el sofá, con* ELISA *a su lado.* ANDRÉS *se sienta con ellos. Los demás se sientan también.*) ¡Pero tenía unas ganas de estar con vosotros! Es mucha calle la calle,[29] amigos. Aquí se respira. En cuanto he llegado, ¡zas!,[30] el bastón al conserje.[31] "¿Llego tarde?" "Aun faltan veinte minutos." "Bien." Saludos aquí y allá . . . "¡Miguelín!" "¡Ya está aquí Miguelín!" Y es que soy muy importante, no cabe duda. (*Risas generales.*)

ELISA

(*Convencida de ello.*) ¡Presumido!

MIGUEL

Silencio. Se prohibe interrumpir. Continúo. "Miguelín, ¿a dónde vas?" "Miguelín, en la terraza está Elisa" . . .

ELISA

(*Avergonzada, le propina un pellizco.*) [32] ¡Idiota!

MIGUEL

(*Gritando.*) ¡Ay! . . . (*Risas.*) Continúo. "Qué ¿a dónde voy? Con mi peña y a nuestro rincón." Y aquí me

---

[27] **llegaba** = llegaría
[28] **Lo . . . formidable** I've had a wonderful time
[29] **Es . . . calle** The street is something overwhelming
[30] **¡zas!** zowie!
[31] **conserje** doorman, gateman
[32] **le . . . pellizco** she pinches him

tenéis. (*Suspira.*) Bueno, ¿qué hacemos que no nos vamos al paraninfo? [33] (*Intenta levantarse.*)

LOLITA

No empieces tú ahora. Sobra tiempo.

ANDRÉS

(*Reteniéndole.*) Cuenta, cuéntanos de tus vacaciones.

ESPERANZA

(*Batiendo palmas.*) Sí, sí. Cuenta.

ELISA

(*Muy amoscada, batiendo palmas también.*) Sí, sí. Cuéntaselo a la niña.

ESPERANZA

(*Desconcertada.*) ¿Eso qué quiere decir?

ELISA

(*Seca.*) Nada. Que también yo sé batir palmas. (*Los estudiantes ríen.*)

ESPERANZA

(*Molesta.*) ¡Bah!

MIGUEL

Modérate, Elisita. Los señores quieren que les cuente de mis vacaciones. Pues atended: (*Los chicos se arre-*

---

[33] **¿qué . . . paraninfo?** shouldn't we be going over to the auditorium?

llanan,[34] *complacidos y dispuestos a oír algo divertido.*
MIGUELÍN *empieza a reírse con zumba.*[35])

PEDRO

¡Empieza de una vez!

MIGUEL

Atended: (*Riendo.*) Un día cojo mi bastón para salir
a la calle, y . . . (*Se interrumpe. Con tono de sorpresa.*)
¿No oís algo?

ANDRÉS

Sigue y no bromees.

MIGUEL

¡Si [36] no bromeo! Os digo que oigo algo raro. Oigo un
bastón . . .

LOLITA

(*Riendo.*) El tuyo; que [37] lo tienes en los oídos todavía.

ELISA

Continúa, tonto . . .

ALBERTO

No bromea, no. Se oye un bastón.

---

[34] se **arrellanan** make themselves comfortable
[35] con **zumba** comically
[36] Si But. **Si** *appears very often in exclamations as a word of
protestation.*
[37] **que** for, since

JUANA

También yo lo oigo. (*Todos atienden. Pausa. Por la derecha, tanteando* [38] *el suelo con su bastón y con una expresión de vago susto, aparece* IGNACIO. *Es un muchacho delgaducho, serio y reconcentrado, con cierto desaliño en su persona:* [39] *el cuello de la camisa desabrochado, la corbata floja, el cabello peinado con ligereza. Viste de negro, intemporalmente,* [40] *durante toda la obra. Avanza unos pasos, indeciso, y se detiene.*)

LOLITA

¡Qué raro! (IGNACIO *se estremece y retrocede un paso.*)

MIGUEL

¿Quién eres? (*Temeroso,* IGNACIO *se vuelve para salir por donde entró. Después cambia de idea y sigue hacia la izquierda, rápido.*)

ANDRÉS

¿No contestas? [41] (IGNACIO *tropieza con el sillón de* JUANA. *Tiende el brazo, y ella coge su mano.*)

*   *   *

MIGUEL

(*Levantándose.*) ¡Espera, hombre! No te marches. (*Se acerca a palparle, mientras* JUANA *dice, inquieta.*)

---

[38] **tantear** to grope; *here,* to tap
[39] **con . . . persona** rather untidy about his personal appearance
[40] **intemporalmente** unseasonably
[41] ¿**No contestas?** Won't you answer? *Note the present tense to express greater vividness.*

JUANA

Me ha cogido la mano . . . No le conozco. (IGNACIO *la suelta, y* MIGUELÍN *le sujeta por un brazo.*)

MIGUEL

Ni yo. (ANDRÉS *se levanta y se acerca también a cogerle por el otro brazo.*)

IGNACIO

(*Con temor.*) Dejadme.

ANDRÉS

¿Qué buscas aquí?

IGNACIO

Nada. Dejadme. Yo . . . soy un pobre ciego.

LOLITA

(*Riendo.*) Te ha salido un competidor,[1] Miguelín.

ESPERANZA

¿Un competidor? ¡Un maestro!

ALBERTO

Debe de ser algún gracioso del primer curso.

MIGUEL

Dejádmelo a mí. ¿Qué has dicho que eres?

IGNACIO

(*Asustado.*) Un . . . ciego.

---

[1] Te . . . competidor You've got a competitor

MIGUEL

¡Oh, pobrecito, pobrecito! ¿Quiere que le pase a la otra acera? (*Los demás se desternillan.*[2]) ¡Largo, idiota! Vete a reír de los de tu curso.[3]

ANDRÉS

Realmente, la broma es de muy mal gusto. Anda, márchate. (*Lo empujan.* IGNACIO *retrocede hacia el proscenio.*)

IGNACIO

(*Violento, quizá al borde del llanto.*) ¡Os digo que soy ciego!

MIGUEL

¡Qué bien te has aprendido la palabrita! ¡Largo! (*Avanzan hacia él, amenazadores.* ALBERTO *se levanta también.*)

IGNACIO

Pero, ¿es que no lo veis?

MIGUEL

¿Cómo? (JUANA *y* CARLOS, *que comentaban en voz baja el incidente, intervienen.*)

CARLOS

Creo que estamos cometiendo un error muy grande, amigos. Él dice la verdad. Sentaos otra vez.

---

[2] **se desternillan** [*de risa*] split their sides laughing
[3] **Vete . . . curso** Be off to laugh at those of your course, *i.e.*, pull the gag on other freshmen

MIGUEL

¡Atiza! [4]

CARLOS

(*Acercándose con* JUANA *a* IGNACIO.) Nosotros también somos . . . ciegos, como tú dices.

IGNACIO

¿Vosotros?

JUANA

Todos lo somos.[5] ¿Es que no sabes dónde estás? (ELISA *coge del brazo a* MIGUELÍN, *que está desconcertado. Los estudiantes murmuran entre sí.* ANDRÉS *y* PEDRO *vuelven a sentarse. Todos atienden.*)

IGNACIO

Sí lo sé.[6] Pero no puedo creer que seáis . . . como yo.

CARLOS

(*Sonriente.*) ¿Por qué?

IGNACIO

Andáis con seguridad. Y me habláis . . . como si me estuvieseis viendo.

CARLOS

No tardarás tú también en hacerlo. Acabas de venir, ¿verdad?

[4] ¡Atiza! How do you like that!
[5] Todos lo somos All of us are. *Note* lo *referring to* ciegos.
[6] Sí lo sé I do know. *This use of* sí *for emphasis is frequent.*

IGNACIO

Sí.

CARLOS

¿Solo?

IGNACIO

No. Mi padre está en el despacho, con el director.

JUANA

¿Y te han dejado fuera?

IGNACIO

El director dijo que saliera sin miedo. Mi padre no quería, pero don Pablo dijo que saliese y que anduviese por el edificio. Dijo que era lo mejor.

CARLOS

(*Protector.*) Y es lo mejor. No tengas miedo.

IGNACIO

(*Con orgullo.*) No lo tengo.

CARLOS

Lo de aquí [7] ha sido un incidente sin importancia. Es que Miguelín es demasiado alocado.[8]

MIGUEL

Dispensa, chico. Todo fué por causa de don Pablo.

---

[7] **Lo de aquí** What happened here
[8] **es demasiado alocado** is too irrational, *i.e.,* gets strange notions

ALBERTO

(*Riendo.*) La pedagogía.

MIGUEL

Eso. Te ha aplicado la pedagogía desde el primer minuto. Ya tendrás más encuentros con esa señora. No te preocupes. (*Se vuelve con* ELISA, *y ambos se sientan en los dos sillones de la izquierda. Se ponen a charlar, muy amartelados.*[9])

CARLOS

Por esta vez es bastante. Si quieres te volveremos al despacho.

IGNACIO

Gracias. Sé ir yo solo. Adiós. (*Da unos pasos hacia el foro.*)

CARLOS

(*Calmoso.*[10]) No, no sabes . . . Por ahí se va a la salida.[11] (*Le coge afectuosamente del brazo y le hace volver hacia la derecha. Pasivo y con la cabeza baja.* IGNACIO *se deja conducir.*[12]) Espérame aquí, Juana. Vuelvo en seguida.

JUANA

Sí. (*Por la derecha aparecen* EL PADRE *de* IGNACIO *y*

[9] **amartelados** in "lovey-dovey" fashion
[10] **Calmoso** In a kindly spirit
[11] **Por . . . salida** Out there one goes to the exit, *i.e.*, that's the way out
[12] **se deja conducir** lets himself be led. *Note the passive meaning of the infinitive in such constructions.*

Don Pablo, *director del Centro.*[13] El Padre *entra con ansiosa rapidez, buscando a su hijo. Es un hombre agotado y prematuramente envejecido, que viste con mezquina corrección de empleado. Sonriente y tranquilo, le sigue* Don Pablo, *señor de unos cincuenta años, con las sienes grises, en quien la edad no ha borrado un vago aire de infantil lozanía. Su vestido es serio y elegante. Usa gafas oscuras.*)

EL PADRE

Aquí está Ignacio.

DON PABLO

Ya le dije que le encontraríamos. (*Risueño.*) Y en buena compañía, creo. Buenos días, muchachos. (*A su voz, todos los estudiantes se levantaron.*)

ESTUDIANTES

Buenos días, don Pablo. (El Padre *se acerca a su hijo y le coge, entre tímido y* [14] *paternal, por el brazo.* Ignacio *no se mueve, como si el contacto le disgustase.*)

CARLOS

Ya hemos hecho conocimiento con Ignacio.

JUANA

Carlos se lo llevaba ahora a ustedes.

---

[13] **Centro** [*de enseñanza*] School
[14] **entre ... y ...** half ... half

DON PABLO

(*Al* PADRE.) Como ve, no le ha pasado nada. El chico ha encontrado en seguida amigos. Y de los buenos; Carlos, que es uno de nuestros mejores alumnos, y Juana.

EL PADRE

(*Corto.*) Encantado.

JUANA

El gusto es nuestro.

DON PABLO

Su hijo se encontrará bien entre nosotros, puede estar seguro. Aquí encontrará alegría, buenos compañeros, juegos . . .

EL PADRE

Sí, desde luego. Pero los juegos . . . ¡Los juegos que he visto son maravillosos, no hay duda! Nunca pude suponer que los ciegos pudiesen jugar al balón, ¡y menos deslizarse por un tobogán tan alto! [15] (*Tímido.*) ¿Cree usted que mi Ignacio podrá hacer esas cosas sin peligro?

DON PABLO

Ignacio hará eso y mucho más. No lo dude.

EL PADRE

¿No se caerá?

DON PABLO

¿Acaso se caen los otros?

[15] ¡y . . . alto! and less [*could I imagine*], *i.e.*, and especially their sliding down such a high toboggan!

EL PADRE

Es que parece imposible que puedan jugar así, sin que haya que lamentar . . .[16]

DON PABLO

Ninguna desgracia; no, señor. Esas y otras distracciones llevan ya mucho tiempo entre nosotros.[17]

EL PADRE

Pero todos estos chicos—¡pobrecillos!—son ciegos. ¡No ven nada!

DON PABLO

En cambio oyen y se orientan mejor que usted. (*Los estudiantes asienten con rumores.*) Por otra parte . . . (*Irónico.*) No crea que es muy adecuado calificarlos de pobrecillos . . . ¿No le parece, Andrés?

ANDRÉS

Usted lo ha dicho.[18]

DON PABLO

¿Y ustedes, Pedro, Alberto?

PEDRO

Desde luego, no. No somos pobrecillos.

ALBERTO

Todo, menos eso.

[16] **sin . . . lamentar** without there being need to be sorry for
[17] **llevan . . . nosotros** we have had here for quite a long time
[18] **Usted lo ha dicho** You have expressed my opinion

LOLITA

Si usted nos permite, don Pablo . . .

DON PABLO

Sí, diga.

LOLITA

(*Entre risas.*) Nada. Que [19] Esperanza y yo pensamos
lo mismo.

EL PADRE

Perdonen.

DON PABLO

Perdónenos a nosotros por lo que parece una censura
y no es más que una explicación. Los ciegos o, simplemente, los invidentes,[20] como nosotros decimos, podemos
llegar donde llegue cualquiera.[21] Ocupamos empleos,
puestos importantes en el periodismo y en la literatura,
cátedras . . .[22] Somos fuertes, saludables, sociables . . .
Poseemos una moral de acero. Por lo demás, no son
éstas conversaciones a las que ellos estén acostumbrados.
(*A los demás.*) Creo que los más listos de ustedes podrían ir ya tomando sitio [23] en el paraninfo. Falta poco
para las once. (*Risueño.*) Es un aviso leal.

---

[19] **Nada. Que** It isn't important. (I was going to say) that
[20] **invidente** (*coined word*) sightless
[21] [*Los ciegos*] **podemos llegar . . . cualquiera** [*We blind*] can
get as far as anybody
[22] **cátedra** professorial chair, professorship
[23] **podrían . . . sitio** could already be taking your places. **Ir** *often
replaces* **estar** *to express gradual realization of an action. Note
also the use of* **sitio** (*singular*).

ANDRÉS

Gracias, don Pablo. Vámonos, muchachos. (ANDRÉS, PEDRO, ALBERTO *y las dos estudiantes desfilan por la izquierda.*)

ESTUDIANTES

Buenos días. Buenos días, don Pablo.

DON PABLO

Hasta ahora, hijos, hasta ahora. (*Los estudiantes salen.* ELISA *trata de imitarlos, pero* MIGUELÍN *tira de su brazo y la obliga a sentarse. Con las manos cogidas vuelven a engolfarse* [24] *en su charla.* JUANA *y* CARLOS *permanecen de pie, a la izquierda, atendiendo a* DON PABLO. *Breve pausa.*)

EL PADRE

Estoy avergonzado. Yo . . .

DON PABLO

No tiene importancia. Usted viene con los prejuicios de las gentes que nos desconocen. Usted, por ejemplo, creerá [25] que nosotros no nos casamos . . .

EL PADRE

Nada de eso. . . . Entre ustedes, naturalmente . . .

[24] **Con . . . engolfarse** Holding hands they become engrossed again
[25] **Usted . . . creerá** You . . . probably think

DON PABLO

No, señor. Los matrimonios entre personas que ven y personas que no ven abundan cada día más. Yo mismo. . . .

EL PADRE

¿Usted?

DON PABLO

Sí. Yo soy invidente de nacimiento y estoy casado con una vidente.

IGNACIO

(*Con lento asombro.*[26]) ¿Una vidente?

EL PADRE

¿Así nos llaman ustedes?

DON PABLO

Sí, señor.

EL PADRE

Perdone, pero. . . ., como nosotros llamamos videntes a los que dicen gozar de doble vista . . .[27]

DON PABLO

(*Algo seco.*) Naturalmente. Pero nosotros, forzosamente más modestos, llamamos así a los que tienen, simplemente, vista.

[26] **Con lento asombro** With slow astonishment, *i.e.,* surprised after reacting slowly
[27] **nosotros . . . vista** we call *videntes* those who claim to be endowed with the ability to see into the future. *The regular meaning of* **vidente** *is* "seer".

EL PADRE

(*Que no sabe dónde meterse.*[28]) Dispense una vez más.

DON PABLO

No hay nada que dispensar. Me encantaría presentarle a mi esposa, pero no ha llegado aún. Ignacio la conocerá de todos modos, porque es mi secretaria.

EL PADRE

Otro día será.[29] Bien, Ignacio, hijo . . . Me marcho contento de dejarte en tan buen lugar. No dudo que te agradará vivir aquí. (*Silencio de* IGNACIO. *A* CARLOS *y* JUANA.) Y ustedes, se lo ruego: ¡levántenle el ánimo! (*Con inhábil jocosidad.*[30]) Infúndanle esa moral de acero que les caracteriza.

IGNACIO

(*Disgustado.*) Padre.

EL PADRE

(*Abrazándole.*) Sí, hijo. De aquí saldrás hecho un hombre . . .[31]

DON PABLO

Ya lo creo. Todo un señor licenciado,[32] dentro de pocos años. (*La tensión entre padre e hijo se disuelve.* CARLOS *interviene, cogiendo del brazo a* IGNACIO.)

[28] **no . . . meterse** doesn't know where to put himself (hide), *i.e.,* quite embarrassed
[29] **Otro día será** I hope to meet her some other day
[30] **inhábil jocosidad** inept attempt at merriment (humor)
[31] **hecho un hombre** an accomplished man
[32] **Todo . . . licenciado** A full fledged licentiate (*holder of a degree corresponding to our M. A.*)

CARLOS

Si nos lo permiten, nos llevaremos a nuestro amigo.

EL PADRE

Sí, con mucho gusto. (*Afectado.*) Adiós, Ignacio . . .
Vendré . . . pronto . . . a verte.

IGNACIO

(*Indiferente.*) Hasta pronto, padre. (EL PADRE *está
muy afectado; mira a todos con ojos húmedos, que ellos
no pueden ver. En sus movimientos muestra múltiples
vacilaciones: volver a abrazar a su hijo, despedirse de los
dos estudiantes, consultar a* DON PABLO *con una perruna* [33] *mirada que se pierde en el aire.*)

DON PABLO

¿Vamos?

EL PADRE

Sí, sí. (*Inician la marcha hacia el foro.*)

DON PABLO

(*Deteniéndose.*) Acompáñele ahora al paraninfo, Carlos. ¡Ah! Y preséntele a Miguelín, porque van a ser compañeros de habitación.

CARLOS

Descuide, don Pablo. (DON PABLO *acompaña al* PADRE
*a la puerta del fondo, por la que salen ambos, mientras
le dice una serie de cosas a las que aquél atiende mal,*[34]

[33] **perruna** canine
[34] **aquél atiende mal** he (the father) pays little attention

preocupado como está en volverse con frecuencia a ver a su hijo, con una expresión cada vez más acongojada. Al fin, desaparecen tras la cristalera, por la derecha. Entretanto, CARLOS, IGNACIO *y* JUANA *se sitúan en el primer término izquierdo.*)

*   *   *

CARLOS

¡Lástima que no vinieses antes! ¿Comienzas ahora la carrera?

IGNACIO

Sí. El preparatorio.[1]

CARLOS

Juana y yo te ayudaremos. No repares en consultarnos cualquier dificultad que encuentres.

JUANA

Desde luego.

CARLOS

Bien. Ahora Miguelín te acomodará en vuestro cuarto. Antes debes aprenderte en seguida el edificio. Escucha: este rincón es nuestra peña, en la que desde ahora quedas admitido.[2] Nada por en medio (*Lo conduce.*) para no tropezar. Le daremos la vuelta,[3] para que te aprendas los sillones y veladores. (*Los tres están ahora a la dere-*

---

[1] **el preparatorio** the first year (*similar to our pre-Law or pre-Medicine*)

[2] **desde . . . admitido** you have this moment been admitted

[3] **Le . . . vuelta** We'll take a walk around it (*the smoking room*)

cha.) Pero debes abandonar en seguida el bastón. ¡No te hará falta!

JUANA

(*Tratando de cogérselo.*[4]) Trae. Se lo daremos al conserje para que lo guarde.

IGNACIO

(*Que se resiste.*) No, no. Yo . . . soy algo torpe para andar sin él. Y no os molestéis tampoco en enseñarme el edificio. No lo aprendería. (*Un silencio.*)

CARLOS

Perdona. A tu gusto. Aunque debes intentar vencer rápidamente esa torpeza . . . ¿No has estudiado en nuestro colegio elemental?

IGNACIO

No.

JUANA

¿No eres [5] de nacimiento?

IGNACIO

Sí. Pero . . . mi familia . . .

CARLOS

Bien. No te importe. Todos aquí somos de nacimiento y hemos estudiado en nuestros centros, bajo la dirección de don Pablo.

---

[4] **Tratando de cogérselo** Trying to take it away from him. *Note* **se** = **le** *dative of separation.*
[5] **¿No eres . . . ?** Invidente *is* understood.

JUANA

¿Qué te ha parecido don Pablo?

IGNACIO

Un hombre . . . absurdamente feliz.

CARLOS

Como cualquiera que asistiese a la realización de sus mejores sueños de trabajo. Eso no es un absurdo.

JUANA

Si te oyera doña Pepita . . .

CARLOS

Ya conocerás otros profesores no menos dichosos.

IGNACIO

¿Ciegos también?

CARLOS

Se dice [6] invidentes . . . (*Pausa breve.*) Pues . . . según. El de [7] Biología es invidente y está casado con la ayudante de lenguas, que es vidente. También son videntes el de Física, el de . . .

IGNACIO

Videntes . . .

JUANA

Videntes. ¿Qué tiene de particular?

[6] **Se dice** One says, *i.e.*, the way to say it is
[7] **El de** The one who teaches

IGNACIO

Oye, Carlos, y tú, Juana: ¿Acaso es posible el matrimonio entre un ciego y una vidente?

CARLOS

¿Tan raro te parece?

JUANA

¡Si [8] hay muchos!

IGNACIO

¿Y entre un vidente y una ciega? (*Silencio.*) ¿Eh, Carlos? (*Pausa breve.*) ¿Juana?

CARLOS

Juana y yo conocemos uno de viejos . . .

IGNACIO

Uno.

JUANA

Y el de Pepe y Luisita. ¡Bien felices son!

IGNACIO

Dos.

CARLOS

(*Sonriendo.*) Ignacio . . . No te ofendas, pero estás algo afectado, por la novedad de encontrarte aquí. ¿Cómo diría yo? Algo . . . anormal. Serénate. En esta casa

---

[8] Si *Why. See note* 36, p. 8.

sobra alegría para ti y lo pasarás bien. (*Le da cordiales palmadas en el hombro.* JUANA *sonríe.*)

IGNACIO

Puede que esté . . .[9] anormal. Todos lo estamos.

CARLOS

(*Sonriendo*) Ya hablaremos [10] de eso. Aquí hace falta Miguelín, ¿eh, Juana? Me parece que no se ha marchado. ¡Miguelín! ¡Miguelín! (MIGUELÍN *atiende fastidiado, pero sin moverse.*) No te hagas el muerto. Sé que estás aquí. (*Tanteando se dirige a él, que se aprieta contra* ELISA. *Al fin, entre risas, lo toca.*)

MIGUEL

Ya te lo haré yo a ti cuando estés con Juana. ¿Qué pasa?

CARLOS

Ven para acá.

MIGUEL

No me da la gana.

CARLOS

Ven y no hagas el tonto. Tengo que darte una orden de don Pablo.

---

[9] **Puede (= puede ser) que esté . . .** Perhaps I am . . .
[10] **Ya hablaremos** We'll get around to talking. *See Vocabulary for the varied shades of meaning of* **ya.**

MIGUEL

(*Incorporándose con desgana.*) Si no se puede considerar incluída Elisita en esa orden, no voy.

ELISA

Podrías dejar de utilizarme para tus chistes, ¿no crees?

MIGUEL

No. No creo.

JUANA

Ven tú también, Elisa. Ya es hora de que estemos juntas algún ratito.

MIGUEL

No hay remedio. (*Suspira.*) En fin, vamos allá. (*Con* ELISA *de su mano,*[11] *y tras* CARLOS, *se acerca al grupo.*) Desembucha.

CARLOS

(*A* IGNACIO.) Éste es Miguelín; el loco de la casa. El de antes.[12] El rorro [13] de la institución, nuestra mascota de diecisiete años. Así y todo, un gran chico. Elisita es su resignada niñera.

MIGUEL

¡Complaciente! ¡Complaciente niñera!

[11] **Con . . . mano** Holding Elisa's hand
[12] **El de antes** The fellow you met before
[13] **rorro** (*colloquial*) baby

ELISA

¡Si pudieras [14] callarte!

MIGUEL

¡Es que no puedo!

CARLOS

Vamos, dad la mano al nuevo.[15]

MIGUEL

(*Haciéndolo. A* ELISA.) Anda . . ., niñera . . . Da la mano al nuevo. (ELISA *lo hace y no puede evitar un ligero estremecimiento.*)

CARLOS

(*A* IGNACIO.) Miguelín será tu compañero de cuarto por disposición superior. Si no congenias [16] con él dilo y le ajustaremos las cuentas.

IGNACIO

¿Por qué no voy a congeniar? Los dos somos ciegos. (JUANA *y* ELISA *se emparejan* [17] *y hablan entre sí.*)

MIGUEL

¿Oyes, Carlos? Cuando yo decía que es [18] un bromista . . .

---

[14] **Si pudieras** I wonder if you could
[15] **al nuevo** = **al alumno nuevo**
[16] **congeniar** to get along well
[17] **emparejarse** to pair off
[18] **Cuando . . . es** I was right in supposing he was

IGNACIO

Lo he dicho en serio.

MIGUEL

¡Ah! ¿Sí? . . . Pues gracias. Aunque yo no me considero muy desgraciado. Mi única desgracia es tener que aguantar a . . .

ELISA

(*Saltando.*) ¡Calla, estúpido! Ya sé por dónde vas.[19] (*Todos ríen, menos* IGNACIO.)

MIGUEL

Y mi mayor felicidad, que no hay ninguna suegra preparada.

ELISA

¡Bruto!

MIGUEL

(*A las muchachas.*) ¿Por qué no seguís con vuestros cotilleos?[20] Estabais muy bien así . . . (*Ellas cuchichean y ríen ahogadamente.*) ¡Las confidencias femeninas, Ignacio! Nada hay más terrible. (JUANA *y* ELISA *le pellizcan.*) ¡Ay! ¡Ay! ¿No lo dije? (*Risas.*) Muy bien. Carlos, Ignacio: propongo una huída en masa hacia la cantina; pero sin las chicas. ¡Hay cerveza!

CARLOS

Aprobado.

[19] **Ya . . . vas** I know your line pretty well
[20] **cotilleos** gossiping

JUANA

Frente común, ¿eh? Ya te lo diré luego.

CARLOS

Es un momento . . .

MIGUEL

¡No capitules, cobarde! Y vámonos de prisa. ¡Damas! El que me corten ustedes a mí lo deseo de raso,[21] con amplios vuelos y tahalí [22] para el espadín. Carlos se conforma con un traje de baño.

JUANA

¡Vete ya!

ELISA

(*A la vez.*) ¡Tonto! (*Con* IGNACIO *en medio, se van los dos muchachos por la derecha.*) ¡Hablemos!

JUANA

¡Hablemos! (*Corren a sentarse, enlazadas, al sofá, en tanto que* DON PABLO *cruza tras los cristales y entra por la puerta del foro. Se acerca a las muchachas, escucha y se detiene a su lado.*) ¡Cuánto tiempo sin decirnos cosas!

---

[21] **El . . . raso** I want my costume to be made of satin. *Miguel is punning on two meanings of* **cortar**: (1) "to cut out goods for a garment"; (2) "to slander". *Hence, freely translated to the end of the speech:* Don't stab me with anything but a knife that has a fancily engraved silver handle. Carlos won't object to any old kind of knife.

[22] **vuelos y tahalí** ruffles and shoulder belt

ELISA

Lo necesitaba como el pan.[23]

DON PABLO

¿Tal vez interrumpo?

JUANA

Nada de eso. (*Se levantan las dos.*) Casi no habíamos empezado.

DON PABLO

¿Y de qué iban a hablar? ¿Acaso del nuevo alumno?

ELISA

A mí me parece . . . que íbamos a hablar de alumnos más antiguos.

JUANA

(*Avergonzada.*) ¡Elisa!

DON PABLO

(*Riendo.*) Una conversación muy agradable. (*Serio.*) Pero ha venido este viejo importuno y prefiere hablar del alumno nuevo. Supongo que Elisita ya lo conoce.

ELISA

Sí, señor. (*Por la terraza ha cruzado* DOÑA PEPITA, *que se detiene en la puerta. Cuarenta años. Trae una cartera de cuero bajo el brazo. Sonriente, contempla con cariño a su esposo.*)

---

[23] **como el pan** as one needs bread, *i.e.,* very much

DON PABLO

(*Que la percibe inmediatamente y vuelve su mirada al vacío.*) Un momento . . . Mi mujer. (*Termina de volverse.*)

*   *   *

DOÑA PEPITA

(*Acercándose.*) Hola, Pablo. Dispénsame; ya sé que vengo algo retrasada.

DON PABLO

(*Cogiéndole una mano, con una ternura que los años no parecen haber aminorado.*) Hueles muy bien hoy, Pepita.

DOÑA PEPITA

Igual que siempre. Buenos días, señoritas. ¿Dónde dejaron a sus caballeros andantes?

ELISA

Nos abandonaron por un nuevo amigote.

JUANA

Pobre chico. Es simpático.

ELISA

A mí no me lo es.

DON PABLO

No hable así de un compañero, señorita. Y menos cuando aun no ha tenido tiempo de conocerle. (*A* DOÑA

Pepita.) Carlos y Miguelín están acompañando a un alumno nuevo del preparatorio que acaban de traernos.[1]

DOÑA PEPITA

¡Ah!, ¿sí? ¿Qué tal chico es?

DON PABLO

Ya has oído que a estas señoritas no les merece [2] una opinión muy favorable.

JUANA

¿Por qué no? Es que Elisa es muy precipitada.

DON PABLO

Sí, un poco. Y, por eso mismo, les haré a las dos algunas recomendaciones.

JUANA

¿Respecto a Ignacio?

DON PABLO

Sí. (*A* Doña Pepita.) Y, de paso, también tú te harás cargo de la cuestión.

DOÑA PEPITA

¿Es algo grave?

DON PABLO

Es lo de siempre. Falta de moral.

---

[1] **acaban de traernos** they have just brought us, *i.e.*, has just been enrolled. *This indefinite 3rd pers. pl. is used frequently in Spanish.*
[2] **a . . . merece** he does not merit from these young ladies. *Note the dative of separation* (**a estas señoritas . . . les**).

DOÑA PEPITA

El caso típico.

DON PABLO

Típico. Quizá un poquitín complicado esta vez. Un muchacho triste, malogrado por el mal entendido amor de los padres. Mucho mimo, profesores particulares . . . Hijo único. En fin, ya lo comprendes. Es preciso, como en otras ocasiones, la ayuda inteligente de algunos estudiantes.

JUANA

Intentamos antes que abandonara [3] el bastón, y no quiso.[4] Dice que es muy torpe.

DON PABLO

Pues hay que convencerle de que es un ser útil y de que tiene abiertos todos los caminos, si se atreve. Es cierto que aquí tiene el ejemplo, pero hay que administrárselo con tacto, y al talento de ustedes, (*A* JUANA.) señoritas, y al de Carlos, muy particularmente, recomiendo la parte más importante: la creación de una camaradería verdadera, que le alegre el corazón.[5] No les será muy difícil . . . Los muchachos de este tipo están hambrientos de cariño y alegría y no suelen rechazarlos cuando se saben romper sus murallas interiores.[6]

[3] **Intentamos . . . abandonara** We tried earlier to get him to give up
[4] **no quiso** he refused
[5] **que . . . corazón** which should gladden his heart, *i.e.,* cheer him up
[6] **cuando . . . interiores** when their interior walls can be broken, *i.e.,* if one knows how to win their confidence

DOÑA PEPITA

¿Por qué no lo pones de compañero de habitación [7] con Miguelín?

DON PABLO

(*Asintiendo, sonriente.*) Ya está hecho . . . Pero no es preciso, señorita Elisa, que Miguelín sea informado de esta recomendación mía. Si lo tomase como un encargo, le saldría mal.

ELISA

No le diré nada.

DOÑA PEPITA

Bueno. La cuestión se reduce a impregnar a ese Ignacio, en el plazo más breve, de nuestra famosa moral de acero. ¿No es así?

DON PABLO

Exacto. Y basta de charla, que el acto de la apertura [8] se aproxima. Señoritas: en ustedes . . . cuatro, descanso satisfecho para [9] este asunto.

JUANA

Descuide, don Pablo.

DOÑA PEPITA

Hasta ahora, hijitas.

[7] **de compañero de habitación** as a roommate
[8] **que . . . apertura** for (since) the opening exercises
[9] **en ustedes . . . para** *Freely:* to you . . . four I entrust confidently

JUANA

Hasta ahora, doña Pepita.

DOÑA PEPITA

Pablo, si no dispones otra cosa, mandaré conectar los altavoces. Los chicos tienen derecho a su ratito de música hasta la apertura . . . (*Se van charlando por la izquierda.* JUANA *y* ELISA *se pasean torpemente en primer término, en cariñoso emparejamiento.*[10])

JUANA

¡Hablemos! (ELISA *no contesta. Parece preocupada.* JUANA, *insistente.*) ¡Hablemos, Elisa!

ELISA

(*Cavilosa.*) No me agrada el encargo del director. Ese Ignacio tiene algo indefinible que me repele. ¿Tú crees en el flúido magnético?[11]

JUANA

Sí, mujer. ¿Quién de nosotros no?[12]

ELISA

Muchos aseguran que eso es falso.

JUANA

Muchos tontos . . . que no están enamorados.

[10] **en cariñoso emparejamiento** each clinging to the other affectionately
[11] **flúido magnético** magnetic influence. *The ancients thought that there was a fluid with special magnetic qualities.*
[12] **¿Quién . . . no?** Is there anyone of us who doesn't [*believe it*]?

ELISA

(*Riendo.*) Tienes razón. Pero ése es el flúido bueno,
y tiene que haber otro malo.[13]

JUANA

¿Cuál?

ELISA

(*Grave.*) El de Ignacio. Cuando estaba con nosotras
me pareció percibir una sensación de ahogo, una desazón
y una molestia . . . Y cuando le dí la mano se acentuó
terriblemente. Una mano seca, ardorosa . . . ¡cargada
de malas intenciones!

JUANA

Yo no noté eso. A mí me pareció simpático. (*Breve
pausa.*) Y, sobre todo, es un ser desgraciado. Ese chico
necesita adaptarse, nada más. ¡Y no pienses en esas tonterías del flúido maligno!

ELISA

(*Maliciosa.*) ¡Pues prefiero el flúido de Miguelín!

JUANA

(*Riendo.*) ¡Y yo el de Carlos! Pero, calla. Se me
ocurre una cosa . . . (*Silencio. De pronto comienzan
los altavoces lejanos a desgranar en el ambiente el adagio
del "Claro de luna",[14] de Beethoven, lentamente tocado.*)

---

[13] **tiene . . . malo** there must be another (influence) which is
evil
[14] **"Claro de luna"** "Moonlight Sonata"

ELISA

¿Eh?

JUANA

Escucha. ¡Qué hermoso! (*Pausa.*)

ELISA

Podemos seguir hablando, ¿no te parece?

JUANA

Sí, sí. Te dije que callaras porque había encontrado . . . la solución del problema de Ignacio.

ELISA

¿Sí? ¡Dime!

JUANA

(*Con dulzura.*) La solución para Ignacio es . . . una novia . . . Y tenemos que encontrársela. Pensaremos juntas en todas nuestras amigas. (*Pausa breve.*) ¿No me dices nada? ¿No lo encuentras bien? [15]

ELISA

Sí, pero . . .

JUANA

¡Es una idea magnífica! ¿Ya no te acuerdas de cuando paseábamos juntas, antes de que Carlos y Miguelín se decidiesen? No negarás que entonces estábamos bastante tristes . . . No habíamos llegado aún a la región de la

---

[15] ¿No . . . bien? Don't you like my idea?

alegría, como dice Carlos. (*Elisa la besa.*) ¡Y qué emoción cuando cambiamos las primeras confidencias! Cuando te dije: "¡Se me ha declarado, Elisa!"

ELISA

Y yo te pregunté: "¿Cómo ha sido?[16] ¡Anda, cuéntamelo!"

JUANA

Sí. Y también, a una pregunta mía me dijiste melancólicamente: "No . . . Miguelín aun no me ha dicho nada . . . No me quiere."

ELISA

¡Y lo hizo al día siguiente!

JUANA

Animado, sin duda, por el mío.[17] Son unos granujas.[18] Ellos también tienen sus confidencias.

ELISA

Y después . . ., el primer beso . . .

JUANA

(*Soñadora.*) O antes . . .

ELISA

(*Estupefacta.*) ¿Qué? (*Pero se asusta repentinamente ante las llamadas de* MIGUELÍN, *en las que palpita un tono de angustia.*)

[16] **¿Cómo ha sido?** How did it happen?
[17] **el mío.** *Juana is referring to Carlos.*
[18] **unos granujas** a couple of rascals

MIGUELÍN

¡Elisa! ¡Elisa! ¡Elisa! (*Aparece por la derecha.*)

ELISA

(*Corriendo hacia él, asustada.*) ¡Aquí estoy, Miguelín! ¿Por qué gritas?

MIGUEL

¡Ven! . . . (*Cambiando súbitamente el tono por uno de broma*) . . . que [19] te abrace. (*Llega y lo hace, entre las risas de su novia.*)

ELISA

¡Pegajoso! [20]

JUANA

Hay moros en la costa,[21] Miguelín.

MIGUEL

Ya, ya lo sé. Sacándonos a los cristianos el pellejo a tiras.[22] Pero se acabó.[23] Vámonos, Elisa.

JUANA

¿Y Carlos?

[19] que = para que
[20] ¡Pegajoso! You clammy idiot!
[21] Hay . . . costa There are Moors on the coast, *i.e.*, be careful, someone is around. *The allusion in this common saying is of course to the period in Spanish history when the Moors were feared.*
[22] Sacándonos . . . tiras pulling the hide off us Christians strip by strip, *i.e.*, tearing us to pieces
[23] se acabó there will be no more of that

MIGUEL

No tardará. Me ha dicho que le esperes aquí.

JUANA

¿Dónde habéis dejado a Ignacio?

MIGUEL

En mi cuarto ha quedado. Dice que está cansado y que no asistirá a la apertura . . . Bueno, Elisita, que [24] hay que coger buen sitio.

ELISA

Sí, vámonos. ¿Te quedas, Juana?

JUANA

Ahora vamos Carlos y yo . . . Guardadnos sitio.

MIGUEL

Se procurará.[25] Hasta ahora. (ELISA y MIGUELÍN *se van por la izquierda. JUANA queda sola. Pasea lentamente, mientras escucha la sonata. Suspira. Un nuevo ruido interviene repentinamente: el inconfundible "tap-tap"* [26] *de un bastón. JUANA se inmoviliza y escucha. Por la derecha aparece* IGNACIO, *que se dirige, despacio, al foro.*)

---

[24] **que.** *Do not translate. This* **que** *means "bear in mind that" or a similar phrase.*

[25] **Se procurará** *One will try, i.e., we shall try. Impersonal constructions of this type are rather common in Spanish.*

[26] **inconfundible "tap-tap"** distinctly heard tapping

*   *   *

JUANA

¡Ignacio! (IGNACIO *se detiene.*) Eres Ignacio, ¿no?

IGNACIO

Sí. Soy Ignacio. Y tú eres Juana.

JUANA

(*Acercándose.*) ¿No estabas en tu cuarto?

IGNACIO

De allí vengo . . . Adiós. (*Comienza a andar.*)

JUANA

¿Dónde vas?

IGNACIO

(*Frío.*) A mi casa. (JUANA *se queda muda de asombro.*) Adiós. (*Da unos pasos.*)

JUANA

Pero, Ignacio . . . ¡Si ibas a estudiar con nosotros!

IGNACIO

(*Deteniéndose.*) He cambiado de parecer.

JUANA

¿En una hora?

IGNACIO

Es suficiente. (JUANA *se acerca y le coge cariñosamente de las solapas.*[1] *Él se inmuta.*)

---

[1] **solapas** lapels

JUANA

No te dejes llevar de ese impulso irrazonable . . .[2]
¿Cómo vas a llegar a tu casa?

IGNACIO

(*Nervioso, rehuyendo torpemente el contacto de ella.*)
Eso es fácil.

JUANA

¡Pero tu padre se llevará un disgusto grandísimo! ¿Y
qué dirá don Pablo?

IGNACIO

(*Despectivo.*[3]) Don Pablo . . .

JUANA

Y nosotros; todos nosotros lo sentiríamos. Te consi-
deramos ya como un compañero. . . . Un buen compañero, con quien pasar alegremente un curso inolvidable.

IGNACIO

¡Calla! Todos tenéis el acierto de crisparme. ¡Y tú
también! ¡Tú la primera! "Alegremente" es la palabra
de la casa. Estáis envenenados de alegría. Y no era eso lo
que pensaba yo encontrar aquí. Creí que encontraría
. . . a mis verdaderos compañeros; no a unos ilusos.[4]

---

[2] **No . . . irrazonable** Don't allow yourself to be carried away by,
i.e., don't give in to that absurd impulse
[3] **Despectivo** Contemptuously
[4] **no a unos ilusos** not a bunch of deluded people

JUANA

(*Sonriendo con dulzura.*) Pobre Ignacio, me das pena.

IGNACIO

¡Guárdate tu pena!

JUANA

¡No te enfades! Es muy natural lo que te pasa. Todos hemos vivido momentos semejantes, pero eso concluye un día. (*Ladina.*[5]) Y yo sé el remedio. (*Breve pausa.*) Si me escuchas con tranquilidad, te diré cuál es.

IGNACIO

¡Estoy tranquilo!

JUANA

Óyeme . . . Tú necesitas una novia. (*Pausa.* IGNACIO *comienza a reír levemente.*) ¡Te ríes! (*Risueña.*) ¡Pronto acerté!

IGNACIO

(*Deja de reír. Grave.*) Estáis envenenados de alegría. Pero sois monótonos y tristes sin saberlo . . . Sobre todo las mujeres. Aquí, como ahí fuera, os repetís lamentablemente, seáis ciegas [6] o no. No eres la primera en sugerirme esa solución pueril. Mis vecinitas decían lo mismo.

JUANA

¡Bobo! ¿No comprendes que se insinuaban?

[5] **Ladina** sagely
[6] **seáis ciegas** whether you are blind

IGNACIO

¡No! Ellas también estaban comprometidas . . .
como tú. Daban el consejo estúpido que la estúpida
alegría amorosa os pone a todas en la boca.[7] Es . . .
como una falsa generosidad. Todas decís: "¿Por qué no
te echas novia?" Pero ninguna, con la inefable emoción
del amor en la voz, ha dicho: "Te quiero." (*Furioso.*)
Ni tú tampoco, ¿no es así? ¿O acaso lo dices? (*Pausa.*)
No necesito una novia. ¡Necesito un "te quiero" dicho
con toda el alma! "Te quiero con tu tristeza y tu angustia;
para sufrir contigo, y no para llevarte a ningún falso
reino de la alegría." No hay mujeres así.

JUANA

(*Vagamente dolida en su condición femenina.*[8]) Acaso
tú no le hayas preguntado a ninguna mujer.

IGNACIO

(*Duro.*) ¿A una vidente?

JUANA

¿Por qué no?

IGNACIO

(*Irónico.*) ¿A una vidente?

JUANA

¡Qué más da! ¡A una mujer! (*Breve pausa.*)

---

[7] **alegría . . . boca** happiness of lovers puts into the mouths of all
of you girls
[8] **en . . . femenina** as a member of her sex

IGNACIO

¡Al diablo todas, y tú de capitana! Quédate con tu alegría; con tu Carlos, muy bueno y muy sabio . . . y completamente tonto, porque se cree alegre. Y como él, Miguelín, y don Pablo, y todos. ¡Todos! Que no tenéis derecho a vivir, porque os empeñáis en no sufrir; porque os negáis a enfrentaros con vuestra tragedia, fingiendo una normalidad que no existe, procurando olvidar e incluso [9] aconsejando duchas de alegría [10] para reanimar a los tristes . . . (*Movimiento de* JUANA.) ¡Crees que no lo sé! Lo adivino. Tu don Pablo tuvo la candidez de insinuárselo a mi padre, y éste os lo pidió descaradamente . . . (*Sarcástico.*) Vosotros sois los alumnos modelo, los leales colaboradores del profesorado en la lucha contra la desesperación, que se agazapa [11] por todos los rincones de la casa. (*Pausa.*) ¡Ciegos! ¡Ciegos y no invidentes, imbéciles!

JUANA

(*Conmovida.*) No sé qué decirte . . . Ni quiero mentirte tampoco . . . Pero respeta y agradece al menos nuestro buen deseo. ¡Quédate! Prueba . . .

IGNACIO

No.

JUANA

¡Por favor! No puedes marcharte ahora, sería escandaloso. Y yo . . . No acierto con las palabras. No sé cómo podría convencerte.

[9] **incluso** inclusive of, *i.e.*, even
[10] **duchas de alegría** showers of gaiety, *i.e.*, bathing in happiness. *An ironical allusion to bathing prescribed for medicinal purposes.*
[11] **agazaparse** to crouch, hide

IGNACIO

No puedes convencerme.

JUANA

(*Con las manos juntas, alterada.*) No te vayas. Soy muy torpe, lo comprendo . . . Tú aciertas a darme la sensación de mi impotencia . . . Si te vas, todos sabrán que hablé contigo y no conseguí nada. ¡Quédate!

IGNACIO

¡Vanidosa!

JUANA

(*Condolida.*) No es vanidad, Ignacio. (*Triste.*) ¿Quieres que te lo pida de rodillas? (*Breve pausa.*)

IGNACIO

(*Muy frío.*) ¿Para qué de rodillas? Dicen que ese gesto causa mucha impresión a los videntes . . . Pero nosotros no lo vemos. No seas tonta; no hables de cosas que desconoces, no imites a los que viven de verdad. ¡Y ahórrame tu desagradable debilidad, por favor! (*Gran pausa.*) Me quedo.

JUANA

¡Gracias!

IGNACIO

¿Gracias? Hacéis mal negocio. Porque vosotros sois demasiado pacíficos, demasiado insinceros, demasiado fríos. Pero yo estoy ardiendo por dentro; ardiendo con un fuego terrible, que no me deja vivir y que puede haceros arder a todos . . . Ardiendo en esto [12] que los videntes llaman oscuridad, y que es horroroso . . ., porque no sabemos lo que es. Yo os voy a traer guerra, y no paz.

JUANA

No hables así. Me duele. Lo esencial es que te quedes. Estoy segura de que será bueno para todos.

IGNACIO

(*Burlón.*) Torpe . . . y tonta. Tu optimismo y tu ceguera son iguales . . . La guerra que me consume os consumirá.

JUANA

(*Nuevamente afligida.*) No, Ignacio. No debes traernos ninguna guerra. ¿No será [13] posible que todos vivamos en paz? No te comprendo bien. ¿Por qué sufres tanto? ¿Qué te pasa? ¿Qué es lo que quieres? (*Breve pausa.*)

IGNACIO

(*Con tremenda energía contenida.*) ¡Ver!

JUANA

(*Se separa de él y queda sobrecogida.*) ¿Qué?

---

[12] **esto** this thing
[13] **¿No será . . . ?** Isn't it perchance . . . ? *Note future tense for present conjecture.*

IGNACIO

¡Sí! ¡Ver! Aunque sé que es imposible, ¡ver! Aunque en este deseo se consuma estérilmente mi vida entera, ¡quiero ver! No puedo conformarme. No debemos conformarnos. ¡Y menos sonreír! Y resignarse con vuestra estúpida alegría de ciegos, ¡nunca! (*Pausa.*) Y aunque no haya ninguna mujer de corazón que sea capaz de acompañarme en mi calvario, marcharé solo, negándome a vivir resignado, ¡porque quiero ver! (*Pausa. Los altavoces lejanos siguen sonando.* JUANA *está paralizada, con la mano en la boca y la angustia en el semblante.* CARLOS *irrumpe rápido por la derecha.*)

CARLOS

¡Juana! (*Silencio.* JUANA *se vuelve hacia él, instintivamente; luego, desconcertada, se vuelve a* IGNACIO, *sin decidirse a hablar.*) ¿No estás aquí, Juanita? . . . ¡Juana! (JUANA *no se mueve ni contesta,* IGNACIO, *sumido en su amargura, tampoco.*[14] CARLOS *pierde su instintiva seguridad; se siente extrañamente solo. Ciego. Adelanta indeciso los brazos, en el gesto eterno de palpar el aire, y avanza con precaución.*) ¡Juana! . . . ¡Juana! . . . (*Sale por la izquierda llamándola de nuevo con voz segura y trivial.*)

---

[14] **tampoco** doesn't either

TELÓN

A C T O   S E G U N D O

El fumadero. Los árboles del fondo muestran ahora el esqueleto de sus ramas, sólo aquí y allá moteadas[1] de hojas amarillas. En el suelo de la terraza abundan las hojas secas, que el viento trae y lleva.

(ELISA *se encuentra en la terraza recostada en el quicio de la portalada, con el aire mustio y los cabellos alborotados por la brisa. Después de un momento, entran por la derecha* JUANA *y* CARLOS, *del brazo. En vano intentan ocultarse el uno al otro su tono preocupado.*)

CARLOS

Juana

JUANA

Dime.

CARLOS

¿Qué te ocurre?

JUANA

Nada.

moteadas **(de)** spotted (with)

51

CARLOS

No intentes negármelo. Llevas ya algún tiempo así . . .[2]

JUANA

(*Con falsa ligereza.*) ¿Así, cómo?

CARLOS

Así como . . . inquieta.[3] (*Se sienta en uno de los sillones del centro.* JUANA *lo hace* [4] *en el sofá, a su lado.*)

JUANA

No es nada . . . (*Breve pausa.*)

CARLOS

Siempre nos dijimos [5] nuestras preocupaciones . . . ¿No quieres darme el placer de compartir ahora las tuyas?

JUANA

¡Si no estoy preocupada! (*Breve pausa.*)

CARLOS

(*Acariciándole una mano.*) Sí. Sí lo estás. Y yo también.

JUANA

¿Tú? ¿Tú estás preocupado? Pero, ¿por qué?

[2] **Llevas . . . así** You have acted this way for some time now
[3] **¿Así, cómo? Así como . . . inquieta** Just what do you mean? I mean sort of . . . worried
[4] **lo hace** does so, *i.e.,* sits down
[5] **nos dijimos** we told each other

CARLOS

Por la situación que ha creado . . . Ignacio. (*Breve pausa.*)

JUANA

¿La crees grave?

CARLOS

¿Y tú? (*Sonriendo.*) Vamos, sincérate [6] conmigo . . Siempre lo hiciste.

JUANA

No sé qué pensar . . . Me considero parcialmente culpable.

CARLOS

(*Sin entonación.*) ¿Culpable?

JUANA

Sí. Ya te dije que el día de la apertura logré disuadirle de su propósito de marcharse. Y ahora pienso que quizá hubiera sido mejor.

CARLOS

Hubiera sido mejor, pero todavía es posible arreglar las cosas, ¿no crees?

JUANA

Tal vez.

---

[6] **sincérate** be frank

CARLOS

Ayer tuve que decirle lo mismo a don Pablo . . . Es sorprendente lo afectado [7] que está. No supo concretarme nada; [8] pero se desahogó confiándome sus aprensiones . . . Encuentra a los muchachos más reservados, menos decididos que antes. Los concursos de emulación en el estudio se realizan ahora mucho más lánguidamente . . . Yo traté de animarle. Me causaba lástima encontrarle tan indeciso. Lástima . . . y una sensación muy rara.

JUANA

¿Una sensación muy rara? ¿Qué sensación?

CARLOS

Casi no me atrevo a decírtelo . . . Es tan nueva para mí . . . Una sensación como de . . . desprecio.

JUANA

¡Carlos!

CARLOS

No lo pude evitar. ¡Ah! Y también me preguntó qué le ocurría a Elisita, y si había reñido con Miguelín. Por consideración a Miguelín, no quise explicárselo a fondo.

JUANA

¡Pobre Elisa! Cuando estábamos en la mesa noté perfectamente que apenas comía. (*Breve pausa.*) Es raro

[7] **lo afectado** how affected
[8] **No . . . nada** He was unable to point out to me anything in particular

que no esté por aquí. (ELISA *no acusa estas palabras, aunque no está tan lejos como para no oírlas. Continúa abstraída en sus pensamientos. Tampoco ellos intuyen*[9] *su presencia: el enlace parece haberse roto entre los ciegos.*)

CARLOS

Es ya tarde. Esto no tardará en llenarse,[10] y seguramente se ha refugiado en algún rincón solitario. (*Súbitamente enardecido.*) ¡Y por ella, y por todos, y por ese imbécil de Miguelín[11] también, hay que arreglar esto!

JUANA

¿De qué modo?

CARLOS

Ignacio nos ha demostrado que la cordialidad y la dulzura son inútiles con él. Es agrio y despegado . . . ¡Está enfermo! Responde a la amistad con la maldad.

JUANA

Está intranquilo; carece de paz interior . . .

CARLOS

No tiene paz ni la quiere. (*Pausa breve.*) ¡Tendrá guerra!

JUANA

(*Levantándose, súbitamente, para pasear su agitación.*) ¿Guerra?

[9] **intuyen** sense (intuitively)
[10] **Esto . . . llenarse** This place will soon be filled with people
[11] **por . . . Miguelín** for that imbecile Mickey's sake. *Constructions like* **imbécil de,** *common in Spanish, are similar to the English colloquialism "a prince of a chap".*

CARLOS

¿Qué te pasa?

JUANA

(*Desde el primer término.*) Has pronunciado una palabra . . . tan odiosa . . . ¿No es mejor siempre la dulzura?

CARLOS

No conoces a Ignacio. En el fondo es cobarde; hay que combatirle. ¡Quién nos iba a decir cuando vino que, lejos de animarle,[12] nos desuniría[13] a nosotros! Porque perdemos posiciones, Juana. Posee una fuerza para el contagio con la que no contábamos.

JUANA

Yo pensé algún tiempo en buscarle una novia . . ., pero no la he encontrado. ¡Y qué gran solución sería!

CARLOS

Tampoco. Ignacio no es hombre a quien[14] pueda cambiar ninguna mujer. Ahora está rodeado de compañeras, bien lo sabes . . . Van a él como atraídas por un imán. Y él las desdeña. Sólo nos queda un camino: desautorizarle[15] ante los demás por la fuerza del razonamiento; hacerle indeseable a los compañeros. ¡Forzarle a salir de aquí!

[12] ¡**Quién . . . animarle . . .** ! Could anyone have predicted . . . that, far from our building his spirit up . . . !
[13] **desunir** to disorganize, bring discord to
[14] **no . . . quien** is not the kind of man whom
[15] **desautorizar** to discredit

JUANA

¡Qué fracaso para el Centro! . . .

CARLOS

¿Fracaso? La razón no puede fracasar, y nosotros la tenemos.

JUANA

(*Compungida.*) Sí . . . Pero una novia le regeneraría.

CARLOS

(*Cariñoso.*) Vamos, ven aquí . . . ¡Ven! (*Ella se acerca despacio. Cogiendo sus manos.*) Juanita mía, ¡me gustas tanto por tu bondad! Si fueras médico, emplearías siempre bálsamos y nunca el escalpelo. (JUANA *se recuesta, sonriente, en el sillón y le besa.*) Nos hemos quedado solos para combatir, Juana. No desertes tú también. (*Breve pausa.*)

JUANA

¿Por qué dices eso?

CARLOS

Por nada. Es que ahora te necesito más que nunca. (*Entran por el foro* IGNACIO *y los tres estudiantes.* IGNACIO *no ha abandonado su bastón, pero ha acentuado su desaliño: no lleva corbata.*)

ANDRÉS

Aquí, Ignacio. (*Conduciéndolo a los sillones de la izquierda.*)

IGNACIO

¿Vienen las chicas?

ALBERTO

No se las oye.[16]

IGNACIO

Menos mal. Llegan a ponerse inaguantables.

ANDRÉS

No te preocupes por ellas. Anda, siéntate. (*Sacando una cajetilla.*) Toma un cigarrillo.

IGNACIO

No, gracias. (*Se sienta.*) ¿Para qué fumar? ¿Para imitar a los videntes?

ANDRÉS

Tienes razón. El primer pitillo [17] se fuma por eso. Lo malo es que luego se coge el vicio. Tomad vosotros.[18] (*Da cigarrillos a los otros dos. Se sientan. Cada uno enciende con su cerilla [19] y la tira en el cenicero.* CARLOS *crispa las manos sobre el sillón y* JUANA *se sienta en el sofá.*)

CARLOS

(*Con ligero tono de reto.*[20]) Buenas tardes, amigos.

---

[16] **no se las oye** One doesn't hear them, *i.e.*, I don't hear them
[17] **pitillo** cigarette
[18] **Tomad vosotros** You, fellows, help yourselves
[19] **cerilla** match (*of wax*)
[20] **Con . . . reto** With a slight tone of defiance, *i.e.*, slightly challenging note in his voice

IGNACIO, ANDRÉS Y ALBERTO

(*Con desgana.*[21]) Hola.

PEDRO

Hola, Carlos, ¿Qué haces por aquí?

CARLOS

Aquí estoy, con Juana. (IGNACIO *levanta la cabeza.*)

IGNACIO

Se está muy bien [22] aquí. Tenemos un buen otoño.

ANDRÉS

Aun es pronto. El sol está dando en la terraza.

PEDRO

Bueno, Ignacio, prosigue con tu historia.

IGNACIO

¿Dónde estábamos?

ALBERTO

Estábamos en [23] que en aquel momento tropezaste.

IGNACIO

(*Se arrellana y suspira.*) Sí. Fué al bajar los escalones. Seguramente a vosotros os ha ocurrido alguna vez. Uno cuenta y cree que han terminado. Entonces se adelanta

[21] **Con desgana** Indifferently
[22] **Se está muy bien** One is very well, *i.e.,* it's quite comfortable
[23] **Estábamos en** We were on (the point), *i.e.,* you were telling us

confiadamente el pie y se pega un gran pisotón [24] en el
suelo. Yo lo pegué,[25] y el corazón me dió un vuelco.[26]
Apenas podía tenerme en pie; las piernas se habían con-
vertido en algodón. Y las muchachas se estaban riendo a
carcajadas. Era una risa limpia y sin malicia; pero a
mí me traspasó. Y sentí que me ardía el rostro. Las muchachas trataban de cortar su risa; no podían, y volvían a
empezar. ¿Habéis notado que muchas veces las mujeres
no pueden dejar de reír? Se ponen tan nerviosas, que les
es imposible . . . Yo estaba a punto de llorar. ¡Sólo
tenía quince años! Entonces me senté en un escalón y me
puse a pensar. Intenté comprender por primera vez por
qué estaba ciego y por qué tenía que haber ciegos. ¡Es
abominable que la mayoría de las personas, sin valer
más que nosotros, gocen, sin mérito alguno, de un poder
misterioso que emana de sus ojos y con el que pueden
abrazarnos y clavarnos el cuerpo [27] sin que podamos evitarlo! Se nos ha negado ese poder de aprehensión de las
cosas a distancia, y estamos por debajo, ¡sin motivo!,
de los que viven ahí fuera. Aquella vieja cantinela [28] de
los ciegos que se situaban por las esquinas en tiempo de
nuestros padres, cuando decían, para limosnear: "No hay
prenda como la vista, hermanitos", no armoniza bien tal
vez con nuestra tranquila vida de estudiantes; pero yo la
creo mucho más sincera y más valiosa. Porque ellos no
hacían como nosotros; no incurrían en la tontería de
creerse normales. (*A medida que* CARLOS *escuchaba a*

[24] **se . . . pisotón** one steps down hard
[25] **Yo lo pegué** I certainly stepped down hard. *Note that* **lo** *refers to* **un gran pisotón**
[26] **el . . . vuelco** (*a stock phrase*) I was terrified
[27] **clavarnos el cuerpo** pierce our bodies
[28] **cantinela** (tiringly repeated) chant

IGNACIO, *su expresión de ira reprimida se ha acentuado.*
JUANA *ha reflejado en su rostro una extraña identifica-*
ción con las incidencias del relato.)

ANDRÉS

(*Reservado.*) Acaso tengas razón . . . Yo he pensado
también mucho en esas cosas. Y creo que con la ceguera
no sólo carecemos de un poder a distancia, sino de un
placer también. Un placer maravilloso, seguramente.
¿Cómo supones tú que será? [29] (MIGUELÍN, *que no ha*
perdido del todo su aire jovial, desemboca en la terraza
por la izquierda. Pasa junto a ELISA, *sin sentirla—ella se*
mueve con ligera aprensión—, y llega al interior a tiempo
de escuchar las palabras de IGNACIO.)

* * *

IGNACIO

(*Accionando para él solo* [1] *con sus manos llenas de*
anhelo y violencia, subraya inconscientemente la calidad
táctil que sus presunciones ofrecen. [2]) Pienso que es como
si por los ojos entrase continuamente un cosquilleo [3] que
fuese removiendo nuestros nervios y nuestras vísceras
. . .[4] y haciéndonos sentir más tranquilos y mejores.

[29] **¿Cómo . . . será?** What do you suppose it feels like?

* * *

[1] **Accionando . . . solo** Gesticulating for his benefit alone
[2] **subraya . . . ofrecen** he unconsciously accentuates the tactile
quality involved in his assumptions
[3] **cosquilleo** tickling sensation
[4] **que . . . vísceras** which kept producing a vibration in our nerves
and vitals

ANDRÉS

(*Con un suspiro.*) Así debe de ser.

MIGUELÍN

¡Hola, chicos! (*Desde la terraza,* ELISA *levanta la cabeza, lleva las manos al pecho y se empieza a acercar.*)

PEDRO

Hola, Miguelín.

ANDRÉS

Llegas a tiempo para decirnos cómo crees tú que es el placer de ver.

MIGUEL

¡Ah! Pues de un modo muy distinto a como [5] lo ha explicado Ignacio. Pero nada de eso importa, porque a mí se me ha ocurrido hoy una idea genial—¡No os riáis!—, y es la siguiente: Nosotros no vemos. Bien. ¿Concebimos la vista? No. Luego la vista es inconcebible. Luego los videntes no ven tampoco. (*Salvo* IGNACIO, *el grupo ríe a carcajadas.*)

PEDRO

¿Pues qué hacen, si no ven?

MIGUEL

No os riáis, idiotas. ¿Qué hacen? Padecen una alucinación colectiva. ¡La locura de la visión! Los únicos seres normales en este mundo de locos somos nosotros.

---

[5] **a como** from the way that

(*Estallan otra vez las risas.* MIGUELÍN *ríe también.* ELISA *sufre.*)

IGNACIO

(*Cuya voz profunda y melancólica acalla las risas de los otros.*) Miguelín ha encontrado una solución, pero absurda. Nos permitiría vivir tranquilos si no supiéramos demasiado bien que la vista existe. (*Suspira.*) Por eso tu hallazgo no nos sirve.

MIGUEL

(*Con repentina melancolía en la voz.*) Pero, ¿verdad que es gracioso? [6]

IGNACIO

(*Sonriente.*) Sí. Tú has sabido ocultar entre risas, como siempre, lo irreparable de [7] tu desgracia. (*La seriedad de* MIGUELÍN *aumenta.*)

ELISA

(*Que no puede más.*[8]) ¡Miguelín!

JUANA

¡Elisa!

MIGUEL

(*Trivial.*) ¡Caramba, Juana! ¿Estabas aquí? ¿Y Carlos?

---

[6] **¿verdad . . . gracioso?** don't you think it's funny?
[7] **lo irreparable de** the hopelessness of, how hopeless is
[8] **que no puede más** who cannot stand it any longer

CARLOS

Aquí estoy también. Y si me lo permitís (*Apretando sobre el sillón la mano de* JUANA, *en muda advertencia.*) me sentaré con vosotros. (*Se sienta a la izquierda del grupo.*)

ELISA

¡Miguelín, escucha! ¡Vamos a pasear al campo de deportes! ¡Se está muy bien ahora! ¿Quieres?

MIGUEL

(*Despegado.*) Elisita, si acabo de llegar de allí precisamente. Y ésta es una conversación muy interesante. ¿Por qué no te sientas con Juana?

JUANA

Ven conmigo, Elisa. Aquí tienes un sillón. (ELISA *suspira y no dice nada. Se sienta junto a* JUANA, *quien la mima y la conforta en su desaliento, hasta que el interés de la conversación entre* IGNACIO *y* CARLOS *absorbe a las dos.*)

ALBERTO

¿Nos escuchabas, Carlos?

CARLOS

Sí, Alberto. Todo era muy interesante

ANDRÉS

¿Y qué opinas tú de ello?

CARLOS

(*Con tono mesurado.*[9]) No entiendo bien algunas cosas. Sabéis que soy un hombre práctico. ¿A qué fin razonable os llevaban vuestras palabras? Eso es lo que no
comprendo. Sobre todo cuando no encuentro en ellas
otra cosa que inquietud y tristeza.

MIGUEL

¡Alto! También había risas . . . (*De nuevo con involuntaria melancolía.*) provocadas por la irreparable
desgracia de este humilde servidor.[10] (*Risas.*)

CARLOS

(*Con tono de creciente decisión.*) Siento decirte, Miguelín, que a veces no eres nada divertido. Pero dejemos
eso. (*Vibrante.*) A ti, Ignacio, (*Éste se estremece ante
el tono de* CARLOS.) a ti, es a quien quiero preguntar
algo: ¿Quieres decir con lo que nos has dicho que los
invidentes formamos un mundo aparte de los videntes?

IGNACIO

(*Que parece asustado, carraspea.*[11]) Pues . . . yo he
querido decir . . .

CARLOS

(*Tajante.*[12]) No, por favor. ¿Lo has querido decir, sí
o no?

[9] **Con tono mesurado** With moderate tone, *i.e.*, calmly
[10] **de . . . servidor** of this humble servant, *i.e.*, myself
[11] **carraspea** clears his throat
[12] **tajante** cutting him short

IGNACIO

Pues . . ., sí. Un mundo aparte . . . y más desgraciado.

CARLOS

¡Pues no es cierto! Nuestro mundo y el de ellos es el mismo. ¿Acaso no estudiamos como ellos? ¿Es que no somos socialmente útiles como ellos? ¿No tenemos también nuestras distracciones? ¿No hacemos deporte? (*Pausa breve.*) ¿No amamos, no nos casamos?

IGNACIO

(*Suave.*) ¿No vemos?

CARLOS

(*Violento.*) ¡No, no vemos! Pero ellos son mancos, cojos, paralíticos; están enfermos de los nervios, del corazón o del riñón; se mueren a los veinte años [13] de tuberculosis o los asesinan [14] en las guerras . . . O se mueren de hambre.

ALBERTO

Eso es cierto.

CARLOS

¡Claro que es cierto! La desgracia está muy repartida entre los hombres; pero nosotros no formamos rancho aparte [15] en el mundo. ¿Quieres una prueba definitiva?

---

[13] **a . . . años** at the age of 20
[14] **los asesinan** they are murdered. *See note* 1, p. 34.
[15] **rancho aparte** a camp apart, *i.e.*, separate social group

Los matrimonios entre nosotros y los videntes. Hoy son muchos; mañana serán la regla . . . Hace tiempo que habríamos conseguido mejores resultados si nos hubiésemos atrevido a pensar así en lugar de salmodiar [16] lloronamente el "no hay prenda como la vista", de que hablabas antes. (*Severo, a los otros.*) Y me extraña mucho que vosotros, viejos ya en la institución, podáis dudarlo ni por un momento. (*Pausa breve.*) Se comprende que [17] dude Ignacio . . . No sabe aún lo grande, lo libre y hermosa que [18] es nuestra vida. No ha adquirido confianza; tiene miedo a dejar su bastón . . . ¡Sois vosotros quienes debéis ayudarle a confiar! (*Pausa.*)

ANDRÉS

¿Qué dices a eso, Ignacio?

IGNACIO

Las razones de Carlos son muy débiles. Pero esta conversación parece un pugilato.[19] ¿No sería mejor dejarla? Yo te estimo, Carlos, y no quisiera . . .

PEDRO

No, no. Debes contestarle.

IGNACIO

Es que . . .

[16] **salmodiar** to chant
[17] **Se comprende que** (+ *subjunctive*) it is understandable if (why)
[18] **lo grande . . . que** how great, how free and beautiful
[19] **pugilato** boxing match

CARLOS

(*Burlón, creyendo vencer.*[20]) No te preocupes, hombre. Contéstame. No hay nada más molesto que un problema a medio resolver.

IGNACIO

Olvidas que, por desgracia, los grandes problemas no suelen resolverse. (*Se levanta y sale del grupo.*)

ANDRÉS

¡No te marches!

CARLOS

(*Con aparente benevolencia.*) Déjale, Andrés . . . Es comprensible. No tiene todavía seguridad en sí mismo . . .

IGNACIO

(*Junto al velador de la derecha.*) Y por eso necesito mi bastón, ¿no?

CARLOS

Tú mismo lo dices . . .

IGNACIO

(*Cogiendo sin ruido el cenicero que hay sobre el velador y metiéndoselo en el bolsillo de la chaqueta.*) Todos lo necesitamos para no tropezar.

[20] **creyendo vencer** thinking himself the winner

CARLOS

¡Lo que te hace tropezar es el miedo, el desánimo!
Llevarás el bastón toda tu vida y tropezarás toda tu vida.
¡Atrévete a ser como nosotros! ¡Nosotros no tropezamos!

IGNACIO

Muy seguro estás de ti mismo. Tal vez algún día tro-
pieces y te hagas mucho daño . . . Acaso más pronto
de lo que crees. (*Pausa.*) Por lo demás, no pensaba
marcharme. Deseo contestarte, pero permitidme todos
que lo haga paseando . . . Así me parece que razono
mejor. (*Ha cogido por su tallo el velador y marcha,
marcando bien los golpes del bastón, al centro de la
escena. Allí lo coloca suavemente, sin el menor ruido.*)
Tú, Carlos, pareces querer decirnos que hay que atreverse a confiar; que la vida es la misma para nosotros y
para los videntes . . .

CARLOS

Cabalmente.

IGNACIO

Confías demasiado. Tu seguridad es ilusoria . . . No
resistiría el tropiezo más pequeño. Te ríes de mi bastón,
pero mi bastón me permite pasear por aquí, como hago
ahora, sin miedo a los obstáculos. (*Se dirige al primer
término derecho y se vuelve. El velador se encuentra
exactamente en la línea que le une con Carlos.*)

CARLOS

(*Riendo.*) ¿Qué obstáculos? ¡Aquí no hay ninguno!
¿Te das cuenta de tu cobardía? Si usases sin temor de tu

conocimiento del sitio, como hacemos nosotros, tirarías ese palo.

IGNACIO

No quiero tropezar.

CARLOS

(*Exaltado.*) ¡Si no puedes tropezar! Aquí todo está previsto. No hay un solo rincón de la casa que no conozcamos. El bastón está bien para la calle, pero aquí . . .

IGNACIO

Aquí también es necesario. ¿Cómo podemos saber nosotros, pobres ciegos, lo que nos acecha alrededor?

CARLOS

¡No somos pobres! ¡Y lo sabemos perfectamente! (IGNACIO *ríe sin rebozo.*) ¡No te rías!

IGNACIO

Perdona, pero . . . me resulta tan pueril tu optimismo . . . Por ejemplo, si yo te pidiera que te levantases y vinieses muy aprisa adonde me encuentro, quieres hacernos creer que lo harías sin miedo . . .

CARLOS

(*Levantándose de golpe.*) ¡Naturalmente! ¿Quieres que lo haga? (*Pausa.*)

IGNACIO

(*Grave.*) Sí, por favor. Muy de prisa, no lo olvides.

CARLOS

¡Ahora mismo! (*Todos los ciegos adelantan la cabeza en escucha.* CARLOS *da unos pasos rápidos, pero, de pronto, la desconfianza crispa su cara y disminuye la marcha, extendiendo los brazos. No tarda en palpar el velador, y una expresión de odio brutal le invade.*)

IGNACIO

Vienes muy despacio.

CARLOS

(*Que, bordeando el velador, ha avanzado con los puños cerrados hasta enfrentarse con* IGNACIO.) No lo creas. Ya estoy aquí.

IGNACIO

Has vacilado.

CARLOS

¡Nada de eso! Vine seguro de convencerte de lo vano de tus miedos. Y . . . te habrás persuadido . . . de que no hay obstáculos por en medio.

IGNACIO

(*Triunfante.*) Pero te dió miedo. ¡No lo niegues! (*A los demás.*) Le dió miedo. ¿No le oísteis vacilar y pararse?

MIGUEL

Hay que reconocerlo, Carlos. Todos lo advertimos.

CARLOS

(*Rojo.*) ¡Pero no lo hice por miedo! Lo hice porque de pronto comprendí . . .

IGNACIO

¡Qué! ¿Acaso, que podía haber obstáculos? Pues si no llamas a eso miedo, llámalo como quieras.

MIGUEL

¡Un tanto [21] para Ignacio!

*   *   *

CARLOS

(*Dominándose.*) Es cierto. No fué miedo, pero hubo una causa que . . ., que no puedo explicar. Esta prueba es nula.

IGNACIO

(*Benévolo.*) No tengo inconveniente en concedértelo. (*Mientras habla se encamina al grupo para sentarse de nuevo.*) Pero aún he de contestar a tus argumentos . . . Estudiamos, sí; (*A todos.*) la décima parte de las cosas que estudian los videntes. Hacemos deportes . . ., menos nueve décimas partes de ellos. (*Se ha sentado plácidamente.* CARLOS, *que permanece inmóvil en el primer término, cruza los brazos tensos para contenerse.*) y en cuanto al amor . . .

[21] **tanto** (winning) point, goal

ALBERTO

Eso no podrás negarlo.[1]

IGNACIO

El amor es algo maravilloso. El amor, por ejemplo, entre Carlos y Juana. (JUANA, *que ha seguido angustiada las peripecias de la disputa, se sobresalta.*) ¡pero esa maravilla no pasa de ser una triste parodia del amor entre los videntes! Porque ellos poseen al ser amado por entero. Son capaces de englobarle en una mirada. Nosotros poseemos . . . a pedazos. Una caricia, el arrullo momentáneo de la voz . . . En realidad no nos amamos. Nos compadecemos y tratamos de disfrazar esa triste piedad con alegres tonterías, llamándola amor. Creo que sabría [2] mejor si no la disfrazásemos.

MIGUEL

¡Segundo tanto para Ignacio!

CARLOS

(*Conteniéndose.*) Me parece que has olvidado contestar algo muy importante . . .

IGNACIO

Puede ser.

CARLOS

Los matrimonios entre videntes e invidentes, ¿no prue-

---

[1] **Eso . . . negarlo** You can't deny that. *Note* **lo.**
[2] **sabría mejor** it would be more palatable, *i.e.,* we should be better off

ban que nuestro mundo y el de ellos es el mismo? ¿No
son una prueba de que el amor que sentimos y hacemos
sentir no es una parodia?

IGNACIO

¡Pura compasión, como los otros!

CARLOS

¿Te atreverías a asegurar que don Pablo y doña Pepita
no se han amado?

IGNACIO

¡Ja, ja, ja! Yo no quisiera que mis palabras se inter-
pretasen mal por alguien . . .

ANDRÉS

Todos te prometemos discreción. (DOÑA PEPITA *avanza por la derecha de la terraza hacia la portalada, mirán-
dolos tras los cristales. Al oír su nombre se detiene.*)

IGNACIO

La región del optimismo donde Carlos sueña no le
deja apreciar la realidad. (*A* CARLOS.) Por eso no te has
enterado de un detalle muy significativo, que todos sabemos por las visitas. Muy significativo. Doña Pepita y
don Pablo se casaron porque don Pablo necesitaba un
bastón, (*Golpea el suelo con el suyo.*) pero, sobre todo,
(*Se detiene.*) por una de esas cosas que los ciegos no
comprendemos, pero que son tan importantes para los
videntes. Porque . . . ¡doña Pepita es muy fea! (*Un
silencio. Poco a poco, la idea les complace. Ríen hasta*

estallar en grandes carcajadas. Carlos, *violento, no sabe qué decir.*)

MIGUEL

¡Tercer tanto para Ignacio! (*Arrecian las carcajadas.* Carlos *se retuerce las manos.* Juana *ha apoyado la cabeza en las manos y está ensimismada.*[3] Doña Pepita, *que inclinó la cabeza con tristeza, se sobrepone e interviene.*)

DOÑA PEPITA

(*Cordial.*) ¡Buenas tardes, hijitos! Les encuentro muy alegres. (*A su voz, las risas cesan de repente.*) Algún chiste de Miguelín, probablemente . . . ¿No es eso? (*Todos se levantan, conteniendo algunos la risa de nuevo.*)

MIGUEL

Lo acertó usted, doña Pepita.

DOÑA PEPITA

Pues le voy a reñir por hacerles perder el tiempo de ese modo. Van a dar las tres [4] y aún no han ido a ensayar al campo . . . ¿A qué altura van a dejar el nombre del centro en el concurso de patín? [5] ¡Vamos! ¡Al campo todo el mundo!

MIGUEL

Usted perdone.

[3] **ensimismada** absorbed in thought
[4] **Van . . . tres** It's almost three o'clock
[5] **¿A . . . patín?** What will be the school standing in the skating tournament? *Note* **patinar** "to skate" *and* **patinaje** "skating" *used a few lines below.*

DOÑA PEPITA

Perdonado. Pórtese bien ahora en la pista.[6] Y ustedes, señoritas, vengan conmigo a la terraza a tomar el aire. (*Los estudiantes van desfilando hacia la terraza y desaparecen por la izquierda, entre risas reprimidas.* CARLOS, IGNACIO, JUANA *y* ELISA *permanecen.* DOÑA PEPITA *se dirige entonces a* CARLOS, *con especial ternura: el estudiante es para ella el alumno predilecto de la casa. Tal vez el hijo de carne que no llegó a tener con* DON PABLO . . . *Acaso esté un poco enamorada de él sin saberlo.*) Carlos, don Pablo quiere hablarle.

CARLOS

Ahora voy, doña Pepita. En cuanto termine un asuntillo con Ignacio.

DOÑA PEPITA

Y usted, ¿no quiere patinar, Ignacio? ¿Cuándo se decide a [7] dejar el bastón?

IGNACIO

No me atrevo, doña Pepita. Además, ¿para qué?

DOÑA PEPITA

Pues hijo, ¿no ve a sus compañeros cómo van y vienen sin él?

IGNACIO

No, señora. Yo no veo nada.

[6] **pista** track (games)
[7] **¿cuándo se decide a . . . ?** when will you make up your mind to . . . ?

DOÑA PEPITA

(*Seca.*) Claro que no. Perdone. Es una forma de hablar . . . ¿Vamos, señoritas?

JUANA

Cuando guste.

DOÑA PEPITA

(*Enlazando por el talle a las dos muchachas.*) Ahí se quedan ustedes.[8] (*Afectuosa.*) No olvide a don Pablo, Carlos.

CARLOS

Descuide. Voy en seguida. (DOÑA PEPITA *y las muchachas avanzan hacia la barandilla, donde se recuestan.* DOÑA PEPITA *acciona vivamente, explicando a las ciegas las incidencias del patinaje.* IGNACIO *vuelve a sentarse. Una pausa.*)

IGNACIO

Tú dirás.[9] (CARLOS *no dice nada. Se acerca al velador y lo coge para devolverlo, con ostensible*[10] *ruido, a su primitivo lugar. Después se enfrenta con* IGNACIO.)

CARLOS

(*Seco.*) ¿Dónde has dejado el cenicero?

IGNACIO

(*Sonriendo.*) ¡Ah!, sí. Se me olvidaba. Tómalo. (*Se*

[8] **Ahí . . . ustedes** Well, we shall leave you to yourselves
[9] **Tú dirás** Well, let's hear what's on your mind
[10] **ostensible** more than necessary

lo alarga. CARLOS *palpa en el vacío y lo atrapa* [11] *bruscamente.*)

CARLOS

¡No sé si te das cuenta de que estoy a punto de agredirte! [12]

IGNACIO

No tendrías más razón aunque lo hicieras. (CARLOS *se contiene. Después va a dejar el cenicero en su sitio, con un sonoro golpe, y vuelve al lado de* IGNACIO.)

CARLOS

(*Resollando.* [13]) Escucha, Ignacio. Hablemos lealmente. Y con la mayor voluntad de entendernos.

IGNACIO

Creo entenderte muy bien.

CARLOS

Me refiero a entendernos en la práctica.

IGNACIO

No es muy fácil.

CARLOS

De acuerdo. Pero ¿no lo crees necesario?

IGNACIO

¿Por qué?

[11] **atrapar** to grab
[12] **a . . . agredirte** pretty close to giving you the beating of your life
[13] **Resollando** Breathing rapidly, *i.e.,* unable to control his emotion

CARLOS

(*Con impaciencia reprimida.*) Procuraré explicarme. Ya que no pareces inclinado a abandonar tu pesimismo, para mí merece todos los respetos. ¡Pero encuentro improcedente [14] que intentes contagiar a los demás! ¿Qué derecho tienes a eso?

IGNACIO

No intento nada. Me limito a ser sincero, y ese contagio de que me hablas no es más que el despertar de la sinceridad de cada cual. Me parece muy conveniente, porque aquí había muy poca. ¿Quieres decirme, en cambio, qué derecho te asiste para recomendar constantemente la alegría, el optimismo y todas esas zarandajas? [15]

CARLOS

Ignacio, sabes que son cosas muy distintas. Mis palabras pueden servir para que nuestros compañeros consigan una vida relativamente feliz. Las tuyas no lograrán más que destruir; llevarlos a la desesperación, hacerles abandonar sus estudios. (DOÑA PEPITA *interpela desde la terraza a los que patinan en el campo.* IGNACIO *y* CARLOS *se interrumpen y escuchan.*)

DOÑA PEPITA

¡Se ha caído usted ya dos veces, Miguelín! Eso está muy mal. ¿Y a usted, Andrés, qué le pasa? ¿Por qué no se lanza? . . . Vaya.[16] Otro que se cae. Están ustedes cada día más inseguros . . .

---

[14] **improcedente** improper
[15] **todas esas zarandajas** all that kind of junk (drivel)
[16] **Vaya** Well!

CARLOS

¿Lo oyes?

IGNACIO

¿Y que? [17]

CARLOS

¡Que tú eres el culpable!

IGNACIO

¿Yo?

CARLOS

¡Tú, Ignacio! Y yo te invito, amistosamente, a reflexionar . . . y a colaborar para mantener limpio el Centro de problemas y de ruina. Creo que a todos nos interesa.

IGNACIO

¡A mí no me interesa! Este Centro está fundado sobre una mentira. (Doña Pepita, *con las manos en los hombros de las ciegas, las besa cariñosamente y se va por la derecha de la terraza.* Juana *y* Elisa *se enlazan.*)

CARLOS

¿Qué mentira?

IGNACIO

La de que somos seres normales.

[17] **¿Y qué?** What about it? (So what?)

CARLOS

¡Ahora no discutiremos eso!

IGNACIO

(*Levantándose.*) ¡No discutiremos nada! No hay acuerdo posible entre tú y yo.[18] Hablaré lo que quiera y no renunciaré a ninguna conquista que se me ponga en el camino. ¡A ninguna! [19]

CARLOS

(*Engarfia las manos.*[20] *Se contiene.*) Está bien. Adiós. (*Se va rápidamente por la derecha.* IGNACIO *queda solo. Silba, melancólicamente, unas notas del adagio del "Claro de luna". A poco, apoya las manos en el bastón y reclina la cabeza. Breve pausa.* LOLITA *entra por la terraza. A poco, entra por la derecha* ESPERANZA, *y la faz de cada una se ilumina al sentir los pasos de la otra. Avanzan hasta encontrarse, y, casi a un tiempo, exclaman:*)

LOLITA

¡Ignacio!

ESPERANZA

¡Ignacio! (*Éste se inmoviliza y no responde. Ellas ríen con alguna vergüenza, defraudadas.*)

LOLITA

Tampoco está aquí.

[18] **entre tú y yo** between you and me
[19] **se me . . . ¡A ninguna!** I may come upon. Not a single one!
[20] **Engarfia las manos** Clenches his fists

ESPERANZA

(*Triste.*) Nos evita.

LOLITA

¿Tú crees?

ESPERANZA

Habla con nosotras por condescendencia . . .,[21] pero nos desprecia. Sabe que no le entendemos.

LOLITA

¿No será que haya . . .[22] alguna mujer?

ESPERANZA

Lo habríamos notado.

LOLITA

¡Quién sabe! Es tan hermético . . .[23] Tal vez haya una mujer.

ESPERANZA

Vamos a buscar en el salón.

LOLITA

Vamos. (*Salen por la izquierda, llamándole. Pausa. Juana y Elisa discutían algo en la terraza. Elisa está muy alterada; intenta desprenderse de Juana para entrar en el fumadero y ésta trata de retenerla.*)

[21] **por condescendencia** just to be courteous
[22] **¿No . . . haya . . . ?** Couldn't it be because there is . . . ?
[23] **hermético** tight-lipped, mysterious

*   *   *

ELISA

(*Todavía en la terraza.*) ¡Déjame! Estoy ya harta de Ignacio. (*Se separa y cruza la portalada, mientras* IGNA- CIO *levanta la cabeza.*)

JUANA

(*Tras ella.*) Vamos, tranquilízate. Siéntate aquí.

ELISA

¡No quiero!

JUANA

Siéntate . . . (*La sienta cariñosamente en el sofá y se acomoda a su lado.*)

ELISA

¡Le odio! ¡Le odio!

JUANA

Un momento, Elisita. (*Alzando la voz.*) ¿Hay alguien aquí? (IGNACIO *no contesta.* JUANA *coge una mano de su amiga.*)

ELISA

¡Cómo le odio!

JUANA

No es bueno odiar . . .

ELISA

Me ha quitado a Miguelín y nos quitará la paz a todos. ¡Mi Miguelín!

JUANA

Volverá. No lo dudes. Él te quiere. ¡Si, en realidad, no ha pasado nada! Un poco indiferente tal vez, estos días . . ., porque Miguelín fué siempre una veleta para las novedades.[1] Ignacio es para él una distracción pasajera. ¡Y, en fin de cuentas,[2] es un hombre! Si tuvieras que sufrir alguna veleidad [3] de Miguelín con otra chica . . . Y aun eso no significaría que hubiera dejado de quererte.

ELISA

¡Preferiría que me engañase con otra chica!

JUANA

¡Qué dices, mujer!

ELISA

Sí. Esto es peor. Ese hombre le ha sorbido el seso [4] y yo no tengo ya lugar en sus pensamientos.

JUANA

Creo que exageras.

ELISA

No . . . Pero, oye, ¿no hay nadie aquí?

---

[1] **una veleta** ("weather vane" *or* "fickle person") . . . **novedades** as fickle as a weather vane, shifting with every new fad
[2] **en fin de cuentas** anyway, after all
[3] **Si . . . veleidad** ("fickleness") If you had to put up with some affair
[4] **le . . . seso** has sucked his brain, *i.e.,* has hypnotized him

JUANA

No.

ELISA

Me parecía . . . (*Pausa. Volviendo a su tono de exaltación.*) Te lo dije el primer día, Juanita. Ese hombre está cargado de maldad. ¡Cómo lo adiviné! ¡Y esa afectación de Cristo martirizado que emplea para ganar adeptos! [5] Los hombres son imbéciles. Y Miguelín, el más tonto de todos. ¡Pero yo le quiero! (*Llora en silencio.*)

JUANA

Te oigo, Elisa. No llores . . .

ELISA

(*Levantándose para pasear su angustia.*) ¡Es que le quiero, Juana!

JUANA

Lo que Miguelín necesita es un poco de indiferencia por tu parte. No le persigas tanto.

ELISA

Ya sé que me pongo en ridículo. No lo puedo remediar. (*Se para junto a Ignacio, que no respira, y seca sus ojos por última vez para guardar el pañuelo.*)

JUANA

¡Inténtalo! Así volverá.

---

[5] **adeptos** disciples, followers

ELISA

¿Cómo voy a intentarlo con ese hombre entre nosotros? Su presencia me anula . . . ¡Ah! ¡Con qué gusto le abofetearía! ¡Quisiera saber qué se propone! (*Engarfia las manos en el aire. Mas, de pronto, comienza a volverse lentamente hacia* IGNACIO, *sin darse cuenta todavía de que siente su presencia.*)

JUANA

No se propone nada. Sufre . . . y nosotros no sabemos curar su sufrimiento. En el fondo es digno de compasión. (*Las palabras de* JUANA *hacen volver otra vez la cabeza a* ELISA. *No ha llegado a sospechar nada.*)

ELISA

(*Avanzando hacia* JUANA.) Le compadeces demasiado. Es un egoísta. ¡Que sufra solo y no haga sufrir a los demás!

JUANA

(*Sonriente.*) Anda. Siéntate y no te alteres. (*Se levanta y va hacia ella.*) Acusas a IGNACIO de [6] egoísta. ¿Y qué va a hacer, si sufre? También convendría menos egoísmo por nuestra parte. Hay que ser caritativos [7] con las flaquezas ajenas y aliviarlas con nuestra dulzura . . . (*Breve pausa.*)

ELISA

(*De pronto, exaltada, oprimiendo los brazos de* JUANA.) ¡No, no, Juana: eso, no!

[6] **de** (= **de ser**) as an
[7] **caritativo** charitable

JUANA

(*Alarmada.*) ¿Qué?

ELISA

¡Eso, no, querida mía; eso, no!

JUANA

¡Pero habla! No, ¿el qué? [8]

ELISA

¡Tu simpatía por Ignacio!

JUANA

(*Molesta.*) ¿Qué dices?

ELISA

¡Prométeme ser fuerte! ¡Por amor a Carlos, prométemelo! (*Zarandeándola.*[9]) ¡Prométemelo, Juana!

JUANA

(*Fría.*) No digas tonterías. Yo quiero a Carlos y no pasará nada. No sé qué piensas que puede ocurrir.

ELISA

¡Todo! ¡Todo puede ocurrir! ¡Ese hombre me ha quitado a Miguelín y tú estás en peligro! ¡Prométeme evitarlo! ¡Por Carlos, prométemelo!

JUANA

(*Muy alterada.*) ¡Elisa, cállate inmediatamente! ¡No

[8] **No, ¿el qué?** Not what?
[9] **zarandear** to shake

te consiento! . . .[10] (*Se separa de ella con violencia. Pausa.*)

ELISA

´Lenta, separándose.*) ¡Ah! ¡Soy tu mejor amiga y no me consientes! ¡También ha hecho presa en ti! ¡Estás en manos de ese hombre y no te das cuenta!

JUANA

¡Elisa!

ELISA

¡Me das lástima! ¡Y me da lástima Carlos, porque va a sufrir como yo sufro!

JUANA

(*Gritando.*) ¡Elisa! ¡O callas, o . . . ! (*Va hacia ella.*)

ELISA

¡Déjame! ¡Déjame sola con mi pena! Es inútil luchar. ¡Es más fuerte que todos! ¡Nos lo está quitando todo! ¡Todo! ¡Hasta nuestra amistad! ¡No te reconozco! . . . ¡No te reconozco! . . . (*Se va, llorando, por el foro.* JUANA, *agitada y dolida, vacila en seguirla.* IGNACIO *se levanta.*)

IGNACIO

Juana. (*Ella ahoga un grito y se vuelve hacia* IGNACIO. *Él llega.*) Estaba aquí y os he oído. ¡Pobre Elisa! No le guardo rencor.

[10] ¡**No te consiento!** I won't allow you!

JUANA

(*Tratando de reprimir su temblor.*) ¿Por qué no avisaste?

IGNACIO

No me arrepiento. ¡Juana! (*Le coge una mano.*) Me has dado mi primer momento de felicidad. ¡Gracias! ¡Si supieras qué hermoso es sentirse comprendido! ¡Qué bien has adivinado en mí! [11] Tienes razón. Sufro mucho. Y ese sufrimiento me lleva . . .

JUANA

Ignacio . . . ¿Por qué no intentas reprimirte? Yo sé muy bien que no deseas el mal, pero lo estás haciendo.

IGNACIO

No puedo contenerme. No puedo dejar en la mentira a la gente cuando me pregunta . . . ¡Me horroriza el engaño en que viven!

JUANA

¡Guerra nos has traído y no paz!

IGNACIO

Te lo dije . . . (*Insinuante.*) En este mismo sitio . . . Y estoy venciendo . . . Recuerda que tú lo quisiste.[12] (*Pausa breve.*)

---

[11] **¡Qué . . . mí!** How well you have sensed what I feel!
[12] **tú lo quisiste** you asked for it

JUANA

¿Y si yo te pidiera ahora, por tu bien, por el mío y el de todos, que te marcharas?

IGNACIO

(*Lento.*) ¿Lo quieres de verdad?

JUANA

(*Con voz muy débil.*) Te lo ruego.

IGNACIO

No. No lo quieres. Tú quieres aliviar mi pena con tu dulzura . . . ¡Y vas a dármela! ¡Tú me la darás! Tú, que me has comprendido y defendido. ¡Te quiero, Juana!

JUANA

¡Calla!

IGNACIO

Te quiero a ti, y no a ninguna de esas otras. ¡A ti, y desde el primer día! Te quiero por tu bondad, por tu encanto, por la ternura de tu voz, por la suavidad de tus manos . . . (*Transición.*) Te quiero y te necesito. Tú lo sabes.

JUANA

¡Por favor! ¡No debes hablar así! Olvidas que Carlos . . .

IGNACIO

(*Irónico.*) ¿Carlos? Carlos es un tonto que te dejaría

por una vidente. Él cree que nuestro mundo y el de ellos
es el mismo . . . Él querría otra doña Pepita. Otra fea
doña Pepita que mirase por él . . . Desearía una mujer
completa, y a ti te quiere como un mal menor. (*Transición.*) ¡Pero yo no quiero una mujer, sino una ciega!
¡Una ciega de mi mundo de ciegos, que comprenda!
. . . Tú. Porque tú sólo puedes amar a un ciego verdadero, no a un pobre iluso que se cree normal. ¡Es a mí
a quien amas! No te atreves a decírmelo, ni a confesár-
telo . . . Serías la excepción. No te atreves a decir "te
quiero". Pero yo lo diré por ti. Sí, me quieres; lo estás
adivinando ahora mismo. Lo delata la emoción de tu voz.
¡Me quieres con mi angustia y mi tristeza, para sufrir
conmigo de cara a la verdad y de espaldas a todas las
mentiras que pretenden enmascarar nuestra desgracia!
¡Porque eres fuerte para eso y porque eres buena! (*La
abraza apasionadamente.*)

JUANA

(*Sofocada.*) ¡No! (IGNACIO *le sella la boca con un
beso prolongado.* JUANA *apenas resiste. Por la derecha
han entrado* DON PABLO *y* CARLOS. *Se detienen, sor-
prendidos.*)

DON PABLO

¡Eh! (IGNACIO *se separa bruscamente, sin soltar a*
JUANA. *Los dos escuchan agitadísimos.*)

CARLOS

Ha sonado un beso . . . (JUANA *se retuerce las manos.*)

DON PABLO

(*Cordial.*) ¡Qué falta de formalidad! ¿Quiénes son los tortolitos que se arrullan por aquí? ¡Tendré que amonestarlos! (*Nadie responde. Demudada,* JUANA *vacila en romper a hablar.* IGNACIO *la aprieta con fuerza el brazo.*) ¿No contestáis? (IGNACIO, *con el bastón levantado del suelo, conduce rápidamente a* JUANA *hacia la portalada. Sus pasos no titubean; todo él parece* [13] *estar poseído de una nueva y triunfante seguridad. Ella levanta y baja la cabeza, llena de congoja. Convulsa y medio arrastrada, casi corriendo, se la ve* [14] *pasar tras* IGNACIO, *que no la suelta, a través de la cristalera del foro.* DON PABLO, *jocosamente:*) ¡Se han marchado! Les dió vergüenza.

CARLOS

(*Serio.*) Sí.

---

[13] **todo él parece** he seems every bit, *i.e.*, in every respec'
[14] **se la ve** one sees her, *i.e.*, she is seen

TELÓN

A C T O   T E R C E R O

Saloncito en la Residencia. Amplio ventanal al fondo, con la cortina descorrida, tras el que resplandece la noche estrellada. Haciendo chaflán [1] a la derecha, cortina que oculta una puerta. En el chaflán de la izquierda, un espléndido aparato de radio. En lugar apropriado, estantería con juegos diversos y libros para ciegos. Algún cacharro [2] con flores. En el primer término izquierdo puerta con su cortina. En el primer término y hacia la derecha, velador de ajedrez,[3] con las fichas colocadas,[4] y dos sillas. Bajo el ventanal y hacia el centro de la escena, sofá. Cerca de la radio, una mesa con una lámpara portátil [5] apagada. Sillones, veladores. Encendida la luz central.

(ELISA, *sentada a la derecha del sofá, llora amargamente.* CARLOS *está sentado junto al ajedrez, jugando consigo mismo una partida, con la que intenta distraer su preocupación. Lleva la camisa desabrochada y la corbata floja.*)

ELISA

¡Somos muy desgraciados, Carlos! ¡Muy desgraciados!

[1] **Haciendo chaflán** ("chamfer") Hung diagonally, cater-cornered
[2] **Algún cacharro** A few earthen pots
[3] **velador de ajedrez** chess table
[4] **fichas colocadas** chessmen (placed) on the board
[5] **lámpara portátil** portable lamp

93

¿Por qué nos enamoraremos? [6] Quisiera saberlo. (*Breve pausa.*) Ahora comprendo que no me quería.

CARLOS

Te quería y te quiere. Es Ignacio el culpable de todo Miguelín es muy joven. Sólo tiene diecisiete años, y . . .

ELISA

¿Verdad? Si yo misma quiero convencerme de que Miguelín volverá . . . ¡Pero dudo, Carlos, dudo horriblemente! (*Llora de nuevo. Se calma.*) ¡Qué egoísta soy! También tú sufres, y yo no reparo en hacerte mi paño de lágrimas. (*Se levanta para ir a su lado.*)

CARLOS

Yo no sufro.

ELISA

Sí sufres, sí . . . Sufres por Juana. (*Movimiento de* CARLOS.) ¡Por esa grandísima coqueta!

CARLOS

¡Ojalá fuera coquetería!

ELISA

¿Y dices que no sufres? (CARLOS *oculta la cabeza entre las manos.*) ¡Pobre! Ignacio nos ha destrozado a los dos.

[6] **¿Por qué nos enamoraremos?** Why do we have to fall in love? *Elisa refers to human beings in general. If she had meant Carlos and herself, she would have said* **nos enamoraríamos** ("did we have to fall in love?")

CARLOS

A mí no me ha destrozado nadie.

ELISA

No finjas conmigo . . . Comprendo muy bien tu pena, porque es como la mía. Te destroza el abandono de Juana y te duele aún más, como a mí, la falta de una explicación definitiva . . . ¡Es espantoso! Parece que nada ha pasado, y los dos sabemos en nuestro corazón que todo se ha perdido.

CARLOS

(*Con ímpetu.*) ¡No se ha perdido nada! ¡No puede perderse nada! Me niego a sufrir.

ELISA

¡Me asustas!

CARLOS

Sí. Me niego a sufrir. ¿Dices que soy desgraciado? ¡Es mentira! ¿Que sufro por Juana? No puedo sufrir por ella porque no ha dejado de quererme. ¿Entiendes? ¡No ha dejado de quererme! Tiene que ser así y es así.

ELISA

(*Compadecida.*) ¡Pobre! . . . ¡Qué dolor el tuyo . . ., y sin lágrimas! ¡Llora, llora como yo! ¡Desahógate!

CARLOS

(*Tenaz.*) Me niego a llorar. ¡Llora tú si quieres! Pero

harás mal. Tampoco tienes motivo. ¡No debes tenerlo! Miguelín te quiere y volverá a ti. Juana no ha dejado de quererme.

ELISA

Me explico tu falta de valor para reconocer los hechos . . . Yo también he querido—¡y aun quiero a veces!—engañarme, pero . . .

CARLOS

(*En el colmo de la desesperación.*) Pero, ¿no comprendes que no podemos dejarnos vencer [7] por Ignacio? ¡Si sufrimos por su culpa, ese sufrimiento será para él una victoria! ¡Y no debemos darle ninguna! ¡Ninguna!

ELISA

(*Asustada.*) Pero en la intimidad podemos alguna vez compadecernos mutuamente . . .[8]

CARLOS

Ni en la intimidad siquiera. (*Pausa. Poco a poco inclina de nuevo la cabeza.* JUANA *entra por la puerta del chaflán.*)

JUANA

¿Ignacio? (ELISA *abre la boca.* CARLOS *le aprieta el brazo para que calle.*) Tampoco está aquí. ¿Dónde estará, el pobre . . . ? (*Avanza hacia el lateral izquierdo y desaparece por la puerta.*)

---

[7] **dejarnos vencer** allow ourselves to be conquered. *For a previous example of an infinitive translated passively, see note 2, p. 44*
[8] **compadecernos mutuamente** commiserate each other. *Note that* **mutuamente = uno a otro**

ELISA

(*Emocionada.*) ¡Carlos!

CARLOS

Calla.

ELISA

¡Oh! ¿Qué te pasa? No estás normal . . .[9] Yo no
hubiera podido resistirlo.

CARLOS

(*Casi sonriente.*) Si no ocurre nada, mujer . . .[10]
Otra . . . Otra que busca al pobre Ignacio, que le
llama por las habitaciones . . . Nada.

ELISA

No te entiendo. No sé si estás desesperado o loco.

CARLOS

Ninguna de las dos cosas. Nunca tuve el juicio más
claro que ahora. (*Le da palmaditas en la mano.*) ¡Aní-
mate, Elisa! Todo se arreglará. (*Entran por el chaflán*
IGNACIO *y* MIGUELÍN, *charlando con animación.* ELISA
se oprime las manos al oírlos.)

IGNACIO

No todas las mujeres son iguales, aunque es indudable
que las ciegas se llevan muy poco entre ellas . . .,[11] con

[9] **No estás normal** You don't act normal. *Contrast with* **no eres
normal.**
[10] **mujer,** *like* **hombre,** *may be used exclamatorily.*
[11] **las . . . ellas** there is very little difference between blind girls

alguna excepción. Conocí una vez una muchacha vidente . . .

MIGUELÍN

(*Interrumpe, impulsivo.*) Son muy simpáticas las chicas videntes. Yo conozco una que se llama Carmen y que era mi vecina. Yo no la hacía caso, pero ella estaba por mí . . .[12]

IGNACIO

¿Sabes si era fea?

MIGUEL

(*Cortado.*) Pues . . . no. No llegué a enterarme.

CARLOS

Buenas noches, amigos. ¿No os sentáis?[13]

MIGUEL

(*Inmutado.*) ¡Hombre, Carlos, tengo ganas de hablar contigo! No sé cómo me las arreglo,[14] que nunca encuentro la manera de charlar contigo. Ni con Elisa.

ELISA

(*Con esfuerzo.*) Estás a tiempo.

---

[12] **Yo . . . mí** I paid no attention to her (*note dative* **la** *for* **le**); but she was crazy about me

[13] **¿No os sentáis?** Aren't you going to (won't you) sit down?

[14] **cómo me las arreglo** how I arrange (manage) things, *i.e.*, what's the matter with me. *Note that* **la** *or* **las** *is used in a number of idioms vaguely referring to some such word as* "thing(s)", "affair(s)", *etc.*

MIGUEL

(*Con desgana.*) ¡Caramba, si está Elisa contigo! [15]
Y, ¿cómo te va, Elisa?

ELISA

(*Seca.*) Bien, gracias.

MIGUEL

(*Trivial.*) ¡Vaya! Me alegro.

CARLOS

(*Articulando con mucha claridad.*) Creo que Juana
andaba por ahí buscándote, Ignacio. (ELISA *se queda
sobrecogida.*)

IGNACIO

(*Turbado.*) No . . . No sé . . .

CARLOS

Sí. Sí. Te buscaba.

IGNACIO

(*Repuesto.*) Es posible. Teníamos que hablar de
algunas cosas.

MIGUEL

Oye, Ignacio: creo que podrías seguir hablando de
esa muchacha vidente que conociste. Elisa y Carlos no
tendrán inconveniente.

---

[15] **¡Caramba . . . contigo!** By golly, Elisa is with you!

CARLOS

Ninguno.

IGNACIO

A Carlos y Elisa no les interesan estos temas. Son muy abstractos.

CARLOS

Creo que una muchacha de carne y hueso no es nada [16] abstracta.

IGNACIO

Pero ve. ¿Quieres más abstracción para nosotros?

ELISA

(*Con violencia.*) Me disculparéis, pero Ignacio tiene razón: no puedo soportar esos temas. Me voy a acostar.

CARLOS

A tu gusto. Perdona que no te acompañe; quisiera continuar charlando con Ignacio. Miguelín te acompañará. (MIGUELÍN *acoge con desagrado la indicación.*)

ELISA

(*Agria.*) Que no se moleste por mí. Miguelín quiere seguramente seguir hablando contigo . . . y con Ignacio.

MIGUEL

(*Sin pizca de alegría.*) Qué tonterías dices . . . Te acompañaré con mucho gusto.

[16] **no es nada** is not at all, is not in the least

ELISA

Como quieras. Buenas noches a los dos.

IGNACIO

Buenas noches.

CARLOS

Hasta mañana, Elisa. (ELISA *se va por la izquierda.* MIGUELÍN *la sigue como un perro apaleado.* CARLOS *e* IGNACIO *se acomodan en dos sillones de la izquierda, pero antes que comiencen a hablar entra por el chaflán* DOÑA PEPITA.)

DOÑA PEPITA

¡Buenas noches! ¿No se acuestan ustedes? (CARLOS *e* IGNACIO *se levantan.*)

CARLOS

Es pronto.

DOÑA PEPITA

Siéntense, por favor. Y usted, hombre del bastón, ¿no dice nada?

IGNACIO

Buenas noches.

DOÑA PEPITA

¡Alégrese, hombre! Le encuentro cada día más mustio. Bueno, prosigan su charla. Yo voy a dar una vuelta por los dormitorios. Hasta ahora.

CARLOS

Adiós, doña Pepita. (Doña Pepita *se va por la izquierda. Pausa.*)

IGNACIO

Supongo que si quieres quedarte conmigo no será para hablar de la muchacha vidente.

CARLOS

Supones bien.

IGNACIO

Me has hablado varias veces y siempre del mismo tema. ¿También es hoy [17] del mismo tema?

CARLOS

También.

IGNACIO

Paciencia.[18] ¿Podrías decirme si tendremos que hablar muchas veces todavía de lo mismo?

CARLOS

Creo que serán pocas . . . Quizá ésta sea la última.

IGNACIO

Me alegro. Puedes empezar cuando quieras.

[17] ¿**También es hoy . . . ?** Is today also, *i.e.,* are you also going to talk to me today . . . ?
[18] **Paciencia** ("patience"), *also used as an exhortation for others to resign themselves, may here be translated:* Well, I'll try to make the best of it

CARLOS

Ignacio . . . El día en que viniste aquí quisiste marcharte al poco rato. (*Con amargura.*) Lo supe[19] en la época en que Juana aun me hacía confidencias. Tuviste entonces una buena idea, y creo que es el momento de ponerla en práctica. ¡Márchate!

IGNACIO

Parece una orden . . .

CARLOS

Cuya conveniencia estoy dispuesto a explicarte.

IGNACIO

Te envía don Pablo, ¿verdad?

CARLOS

No. Pero debes irte.

IGNACIO

¿Por qué?

CARLOS

Debes irte porque tu influencia está pesando demasiado sobre esta casa. Y tu influencia es destructora. Si no te vas, esta casa se hundirá. ¡Pero antes que eso ocurra, tú te habrás ido!

[19] **Lo supe** I heard (found out) about it

IGNACIO

Palabrería. No pienso marcharme, naturalmente. Ya
sé que algunos lo deseáis. Empezando por don Pablo.
Pero él no se atreve a decirme nada, porque sabe que no
hay motivo para ello. ¿De verdad no me hablas . . . en
su nombre?

CARLOS

Es el interés del Centro el que me mueve a hablarte.

IGNACIO

Más palabrería. ¡Qué aficionado eres a los tópicos![20]
Pues escúchame. Estoy seguro de que la mayoría de los
compañeros desca mi permanencia. Por lo tanto, no me
voy.

CARLOS

¡Qué te importan a ti los compañeros! (*Pausa breve.*)

*   *   *

IGNACIO

El mayor obstáculo que hay entre tú y yo está en que
no me comprendes. (*Ardientemente.*) ¡Los compañeros,
y tú con ellos, me interesáis más de lo que crees! Me
duele como una mutilación propia vuestra ceguera; ¡me
duele, a mí, por todos vosotros! (*Con arrebato.*) ¡Escucha! ¿No te has dado cuenta al pasar por la terraza de
que la noche estaba seca y fría? ¿No sabes lo que eso
significa? No lo sabes, claro. Pues eso quiere decir que

[20] **tópico** platitude, cliché

ahora están brillando las estrellas con todo su esplendor, y que los videntes gozan de la maravilla de su presencia. Esos mundos lejanísimos están ahí, (*Se ha acercado al ventanal y toca los cristales.*) tras los cristales, al alcance de nuestra vista . . ., ¡si la tuviéramos! (*Breve pausa.*) A ti eso no te importa, desdichado. Pues yo las añoro,[1] quisiera contemplarlas; siento gravitar su dulce luz sobre mi rostro, ¡y me parece que casi las veo! (*Vuelto extáticamente hacia[2] el ventanal.* CARLOS *se vuelve un poco, sugestionado a su pesar.*) Bien sé que si gozara de la vista moriría de pesar por no poder alcanzarlas. ¡Pero, al menos, las vería! Y ninguno de nosotros las ve, Carlos. ¿Y crees malas estas preocupaciones? Tú sabes que no pueden serlo. ¡Es imposible que tú—por poco que sea—[3] no las sientas también!

CARLOS

(*Tenaz.*) ¡No! Yo no las siento.

IGNACIO

No las sientes, ¿eh? Y ésa es tu desgracia: no sentir la esperanza que yo os he traído.

CARLOS

¿Qué esperanza?

IGNACIO

La esperanza de la luz.

[1] **añorar** to yearn, long for
[2] **Vuelto extáticamente hacia** Ecstatically turned toward, *i.e.,* facing
[3] **por . . . sea** however little (it may be)

CARLOS

¿De la luz?

IGNACIO

¡De la luz, sí! Porque nos dicen incurables;[4] pero, ¿qué sabemos nosotros de eso? Nadie sabe lo que el mundo puede reservarnos, desde el descubrimiento científico . . ., hasta . . . el milagro.

CARLOS

(*Despectivo.*) ¡Ah, bah!

IGNACIO

Ya, ya sé que tú lo rechazas. ¡Rechazas la fe que te traigo!

CARLOS

¡Basta! Luz, visión . . . Palabras vacías. ¡Nosotros estamos ciegos! ¿Entiendes?

IGNACIO

Menos mal que lo reconoces . . . Creí que sólo éramos . . . invidentes.

CARLOS

¡Ciegos, sí! Sea.[5]

IGNACIO

¿Ciegos de qué?[6]

[4] **nos dicen incurables** we are said to be incurable
[5] **Sea** Be it (so), granted
[6] **¿Ciegos de qué?** Deprived of the sight of what?, *i.e.*, blind to what?

CARLOS

(*Vacilante.*) ¿De qué? . . .

IGNACIO

¡De la luz! De algo que anhelas comprender . . ., Aunque lo niegues. (*Transición.*) Escucha: yo sé muchas cosas. Yo sé que los videntes tratan a veces de imaginarse nuestra desgracia, y para ello cierran los ojos. (*La luz del escenario empieza a bajar.*) Entonces se estremecen de horror. Alguno de ellos enloqueció creyéndose ciego . . . porque no abrieron a tiempo la ventana [7] de su cuarto. (*El escenario está oscuro. Sólo las estrellas brillan en la ventana.*) ¡Pues en ese horror y esa locura estamos sumidos nosotros! . . . ¡Sin saber lo que es! (*Las estrellas comienzan a apagarse.*) Y por eso es para mí doblemente espantoso. (*Oscuridad absoluta en el escenario y en el teatro.*) Nuestras voces se cruzan . . . en la tiniebla.

CARLOS

(*Con ligera aprensión en la voz.*) ¡Ignacio!

IGNACIO

Sí. Es una palabra terrible por lo misteriosa.[8] Empiezas . . ., empiezas a comprender. (*Breve pausa.*) Yo he sentido cómo los videntes se alegran cuando vuelve la luz por la mañana. (*Las estrellas comienzan a lucir de nuevo, al tiempo que empieza a iluminarse otra vez el*

---

[7] **no . . . ventana** someone didn't open the window (the window was not opened) in time. *The reference is to the shutters.*
[8] **por lo misteriosa** because it is so mysterious

escenario.) Van identificando los objetos, gozándose en sus formas y sus . . . colores. ¡Se saturan de [9] la alegría de la luz, que es para ellos como un verdadero don de Dios! Un don tan grande, que se ingeniaron para producirlo de noche.[10] Pero para nosotros todo es igual. La luz puede volver; puede ir sacando de la oscuridad las formas y los colores; puede dar a las cosas su plenitud de existencia. (*La luz del escenario y de las estrellas ha vuelto del todo.*) ¡Incluso a las lejanas estrellas! ¡Es igual! Nada vemos.

CARLOS

(*Sacudiendo con brusquedad la involuntaria influencia sufrida a causa de las palabras de* IGNACIO.) ¡Cállate! Te comprendo, sí; te comprendo, pero no te puedo disculpar. (*Con el acento del que percibe una revelación súbita.*) Eres . . . ¡un mesiánico desequilibrado! [11] Yo te explicaré lo que te pasa: Tienes el instinto de la muerte. Dices que quieres ver . . . ¡Lo que quieres es morir!

IGNACIO

Quizá . . . Quizá. Puede que la muerte sea la única forma de conseguir la definitiva visión . . .

CARLOS

O la oscuridad definitiva. Pero es igual. Morir es lo que buscas, y no lo sabes. Morir y hacer morir a los

---

[9] **Se saturan de** They gorge themselves with
[10] **se . . . noche** they were inspired to create their own light at night
[11] **¡un mesiánico desequilibrado!** an unbalanced fanatic with a messianic complex

demás. Por eso debes marcharte. ¡Yo defiendo la vida!
¡La vida de todos nosotros, que tú amenazas! Porque
quiero vivirla a fondo, cumplirla; aunque no sea pacífica
ni feliz. Aunque sea dura y amarga. ¡Pero la vida sabe
a algo,[12] nos pide algo, nos reclama! (*Pausa breve.*)
Todos luchábamos por la vida aquí . . . hasta que tú
viniste. ¡Márchate!

IGNACIO

Buen abogado de la vida eres. No me sorprende. La
vida te rebosa. Hablas así y quieres que me vaya por una
razón bien vital: [13] ¡Juana! (*Por la izquierda aparece*
DOÑA PEPITA, *que los observa.*)

CARLOS

(*Levanta los puños amenazantes.*) ¡Ignacio!

DOÑA PEPITA

(*Rápida.*) ¿Todavía aquí? Se ve que la charla es
interesante. (CARLOS *baja los brazos.*) Parece como si
estuviera usted representando, querido Carlos.

CARLOS

(*Reportándose.*[14]) Casi, casi, doña Pepita.

DOÑA PEPITA

(*Cruzando.*) Váyanse a acostar y será mejor. Don
Pablo y yo vendremos ahora a trabajar un rato. Buenas
noches.

---

[12] **sabe a algo** has a taste of something, *i.e.,* has something to offer
[13] *Note the two meanings of* **vital**: (1) *concerned with the creation of* **vida**; (2) "important".
[14] **reportarse** to control oneself

CARLOS E IGNACIO

Buenas noches. (Doña Pepita *se vuelve y los mira con gesto dubitativo* [15] *desde el chaflán. Después se va.*)

CARLOS

(*Sereno.*) Has pronunciado el nombre de Juana; Juana no tiene ninguna relación con esto. Prescindamos de ella.

IGNACIO

¡Cómo! Me la citas dos veces y dices ahora que es asunto aparte. No te creía tan hipócrita. Juana es la razón de tu furia, amigo mío . . .

CARLOS

No estoy furioso.

IGNACIO

Pues de tu disgusto. El recuerdo de Juana es el culpable de ese hermoso canto a la vida que me has brindado.

CARLOS

¡Te repito que dejemos a Juana! Antes que . . . la envenenaras, ya te había hablado yo por primera vez.

IGNACIO

Mientes. Ya entonces no era totalmente tuya, y tú lo presentías. Pues bien: ¡Quiero a Juana! Es cierto. Tampoco yo estoy desprovisto de razones vitales. ¡Y por ella

---

[15] **los . . . dubitativo** she surveys them with a puzzled look in her face

no me voy! Como por ella quieres tú que me marche.
(*Pausa breve.*) Te daré una alegría momentánea: Juana
no es aún totalmente mía.

CARLOS

(*Tranquilo.*) En el fondo de todos los tipos como tú
hay siempre lo mismo: baja y cochina lascivia.[16] Ésa es
la razón de tu misticismo. No volveré a hablarte de esto.
Te marcharás de aquí sea como sea.[17]

IGNACIO

(*Riendo.*) Carlitos, no podrás hacer nada contra mí.
No me iré de ningún modo. Y aunque algunas veces
pensé en el suicidio, ahora ya no pienso hacerlo.

CARLOS

Esperas, sin duda, a que te dé el ejemplo [18] alguno de
los muchachos que has sabido conducir al desaliento.

IGNACIO

(*Cansado.*) No discutamos más. Y dispensa mis iro-
nías. No me agradan, pero tú me provocas demasiado.
Lo siento. Y ahora, sí me marcho,[19] pero va a ser al
campo de deportes. La noche está muy agradable y
quiero cansarme un poco para dormir. (*Serio.*) Las
maravillosas estrellas verterán su luz para mí aunque no
las vea. (*Se dirige al chaflán.*) ¿No quieres acompañarme?

---

[16] **cochina lascivia** filthy lasciviousness
[17] **sea como sea** be it as it may be, *i.e.*, one way or another
[18] **a que (= para que) te dé el ejemplo** . . . for . . . to set
you an example
[19] **sí me marcho** I *am* leaving

CARLOS

No.

IGNACIO

Adiós.

CARLOS

Adiós. (IGNACIO *sale.* CARLOS *se deja caer en una de las sillas del ajedrez* [20] *y tantea abstraído las piezas. Habla solo,* [21] *con rabia contenida.*) ¡No, no quiero acompañarte! Nunca te acompañaré a tu infierno. ¡Que lo hagan otros! (*Momentos después entran por el chaflán* DON PABLO *y* DOÑA PEPITA. *Ésta trae su cartera de cuero.*)

DOÑA PEPITA

¿Aún aquí?

CARLOS

(*Levantando la cabeza.*) Sí, doña Pepita. No tengo sueño.

DON PABLO

(*Que ha sido conducido por* DOÑA PEPITA *al sofá.*) Buenas noches, Carlos.

CARLOS

Buenas noches, don Pablo.

DOÑA PEPITA

(*Curiosa.*) ¿Se fué ya Ignacio a acostar?

[20] **sillas del ajedrez** chairs near the chess table
[21] **Habla solo** He speaks alone, *i.e.,* to himself

CARLOS

Sí . . . Creo que sí.

DON PABLO

(*Grave.*) Me alegro de encontrarle aquí, Carlos. Quería precisamente hablar con usted de Ignacio. ¿Quieres darme un cigarrillo, Pepita? (DOÑA PEPITA *saca de su cartera un paquete de tabaco y extrae un cigarrillo.*) Sí, Carlos. Creo que esto no es ya una puerilidad.[22] (*A* DOÑA PEPITA, *que le pone el cigarrillo en la boca y se lo enciende.*) Gracias. (DOÑA PEPITA *se sienta a la mesa, saca papeles de la cartera y comienza a anotarlos con la estilográfica.*[23]) La situación a que ha llegado el Centro es grave. ¿Usted cree posible que un solo hombre pueda desmoralizar a cien compañeros? Yo no me lo explico.

DOÑA PEPITA

Hay un detalle que aún no sabes . . . Muchos estudiantes han empezado a descuidar su indumentaria.[24]

DON PABLO

¿Sí?[25]

DOÑA PEPITA

No envían sus trajes a planchar . . .,[26] o prescinden de la corbata, como Ignacio. (*Pausa breve.* CARLOS *palpa involuntariamente la suya.*)

[22] esto . . . puerilidad this can no longer be dismissed as something trivial
[23] estilográfica fountain pen
[24] indumentaria apparel, clothing
[25] ¿Sí? They have?
[26] No . . . planchar They don't send out . . . to be pressed

DON PABLO

Supongo que no dejará de hablar en todo el día. Y aun así, tiene que faltarle tiempo.[27] ¿Usted qué opina, Carlos? (*Pausa.*) ¿Eh? (Doña Pepita *mira a* Carlos.)

CARLOS

Perdone. ¿Decía . . . ?

DON PABLO

Que cómo es posible que Ignacio se baste y se sobre para desalentar a tantos invidentes remotos.[28] ¿Qué saben ellos de la luz?

CARLOS

(*Grave.*) Acaso porque la ignoran les preocupe.

DON PABLO

(*Sonriente.*) Eso es muy sutil, hijo mío. (*Se levanta.*)

*   *   *

CARLOS

Pero es real. Mis desgraciados compañeros sufren la fascinación de todo lo misterioso.[1] ¡Es una pena! Por lo demás, Ignacio no está solo. Él ha lanzado una semilla

---

[27] **tiene . . . tiempo** he cannot have enough time (**to say all he wants to**)
[28] **Que . . . remotos** I was just wondering how Ignacio is enough and more than enough (**sobrar**), *i.e.,* how Ignacio by himself manages to undermine the spirit of so many sightless students who are not even in contact with him

*   *   *

[1] **sufren . . . misterioso** are victims of the fascination to be found in all that is mysterious

que ha dado retoños [2] y ahora tiene muchos auxiliares inconscientes. (*Breve pausa. Triste.*) Y los primeros, las muchachas.

DOÑA PEPITA

(*Suave.*) Yo creo que esos retoños carecen de importancia. Si Ignacio, por ejemplo, se marchase, se les iría con él la fuerza moral [3] para continuar su labor negativa.

DON PABLO

Si Ignacio se marchase todo se arreglaría. Podríamos echarlo, pero . . . eso sería terrible para el prestigio del Centro. ¿No podría usted, por lo pronto, insinuarle a título particular [4]—¡y con mucha suavidad, desde luego! —la conveniencia de su marcha? (*Pausa.*) ¡Carlos!

CARLOS

Perdón. Estaba distraído. No le he entendido bien . . .

DOÑA PEPITA

Está usted muy raro esta noche. Don Pablo le decía que [5] si no podría usted sugerirle a Ignacio que se marchase.

DON PABLO

Salvo que tenga alguna idea mejor . . . (*Breve pausa.*)

[2] **Él . . . retoños** He has sown a seed that has brought forth sprouts
[3] **se . . . moral** the moral force would leave with him, *i.e.*, they would lose, with his disappearance, the moral force
[4] **a título particular** under some pretext of your own
[5] **le decía que** was asking you. *For a previous example of this common construction see note* 28, p. 114.

CARLOS

He hablado ya con él.

DON PABLO

¿Sí? ¿Y qué? [6]

CARLOS

Nada. Dice que no se irá.

DON PABLO

Le hablaría [7] cordialmente, con todo el tacto necesario . . .

CARLOS

Del modo más adecuado. No se preocupe por eso.

DON PABLO

¿Y por qué no quiere irse? (*Pausa.* DOÑA PEPITA *mira curiosamente a* CARLOS.)

CARLOS

No lo sé.

DON PABLO

¡Pues de un modo u otro tendrá que irse!

CARLOS

Sí. Tiene que irse.

[6] **¿Sí . . . qué?** You have? And what was the result?
[7] **Le hablaría** I presume you spoke to him. *Note the conditional of probability.*

DON PABLO

(*Con aire preocupado.*) Tiene que irse. Es el enemigo más desconcertante que ha tenido nuestra obra hasta ahora. No podemos con él,[8] no . . . Es refractario[9] a todo. (*Impulsivo.*) Carlos, piense usted en algún remedio. Confío mucho en su talento.

DOÑA PEPITA

Bueno. Ya lo estudiaremos despacio. Creo que deberían irse a descansar: es muy tarde.

DON PABLO

Será lo mejor. Pero esta noche tampoco dormiré. ¿Vienes, Pepita?

DOÑA PEPITA

Aún no. Voy a terminar estas notas.

DON PABLO

Buenas noches entonces. No olvide usted nuestro asunto, Carlos. (CARLOS *no contesta.*)

DOÑA PEPITA

Adiós. Que descanses.[10] (DON PABLO *se va por la izquierda.* DOÑA PEPITA *se levanta y se acerca a* CARLOS. *Afectuosa, como siempre que se dirige a él.*) ¿Usted no se acuesta hoy?

---

[8] **No . . . él** We can do nothing with him
[9] **refractario** unruly, negative
[10] **Que descanses (Que usted descanse,** *next page*) I hope you rest well. *A stock phrase.*

CARLOS

(*Sobresaltado.*) ¿Eh?

DOÑA PEPITA

Pero ¿qué le ocurre, hombre?

CARLOS

(*Tratando de sonreír.*) Nada.

DOÑA PEPITA

Váyase a la cama. Le hace falta.

CARLOS

Sí. Me duele la cabeza. Pero no tengo sueño.

DOÑA PEPITA

Como quiera, hijo. (*Enciende el portátil.*[11] *Después va al chaflán y apaga la luz central. Vuelve a sentarse y empieza a murmurar repasando sus notas. Escribe. De pronto para la pluma*[12] *y mira a* CARLOS, *que se está levantando.*) ¿Le dijo a Ignacio que se marchara cuando los vi antes aquí? (CARLOS *no contesta. Su expresión es extrañamente rígida. Lentamente, avanza hacia el chaflán.* DOÑA PEPITA, *sorprendida.*) ¿Se va usted?

CARLOS

(*Reportándose.*) Voy a tomar un poco el aire para despejarme. Que usted descanse. Buenas noches. (*Sale por el chaflán.*)

[11] **el portátil = la lámpara portátil** the portable lamp
[12] **para la pluma** she stops writing

DOÑA PEPITA

Buenas noches. Yo me voy ahora también. (*Le ve salir, con gesto conmiserativo. Después prosigue su trabajo. A poco se despereza.*[13] *Mira el reloj de pulsera.*[14]) Las doce. (*Se levanta y enciende la radio. Manipula.*[15] *Comienza a oírse suavemente un fragmento de "La muerte de Ase", del "Peer Gynt", de Grieg.* DOÑA PEPITA *escucha unos momentos. Dirige una mirada de desgana a las cuartillas.*[16] *Lentamente llega al ventanal y contempla la noche, con la frente en los cristales. De repente se estremece. Algo que ve, la intriga.*) ¿Eh? (*Sigue mirando, haciéndose pantalla con las manos.*[17] *Con tono de extraordinaria sorpresa.*) ¿Qué hacen? (*Crispa las manos sobre el alféizar.*[18] *Súbitamente retrocede como si la hubiesen dado un golpe en el pecho, mientras lanza un grito ahogado. Con la faz contraída por el horror se vuelve. Se lleva las manos a la boca. Jadea.*[19] *Vacila. Al fin corre rápida al chaflán y sale. Por unos momentos se oye la melodía en la escena sola. Después, gritos lejanos, llamadas. Pausa. Por la puerta de la izquierda entran rápidamente* MIGUELÍN *y* ANDRÉS.)

ANDRÉS

¿Qué pasa?

[13] **se despereza** she stretches
[14] **reloj de pulsera** wrist watch
[15] **Manipula** She turns the knob
[16] **cuartilla** sheet of paper
[17] **haciéndose . . . manos** using her hands as an eyeshade
[18] **alféizar** recess, frame of the (recessed) window
[19] **jadear** to pant

MIGUELÍN

(*Sin dejar de andar.*) No sé. Del campo piden socorro y dicen que vayamos tres o cuatro.[20] Avisa en el dormitorio de la derecha. (*Salen por el chaflán. Pausa.* ESPERANZA *aparece por la izquierda, temblorosa, tanteando el aire. Poco después entra por el chaflán* LOLITA, *también muy afectada. Ambas, en bata y pijama.*[21])

ESPERANZA

¿Quién . . . quién es?

LOLITA

(*Acercándose.*) ¡Esperanza! (*Se abrazan, en un rapto de miedo.*)

ESPERANZA

¿Has oído?

LOLITA

Sí.

ESPERANZA

¿Qué ocurre?

LOLITA

¡No lo sé! . . . (*Se separa para escuchar.*)

ESPERANZA

¡No me dejes! Tengo miedo.

[20] **piden . . . cuatro** someone is asking for help and telling 3 or 4 of us to come
[21] **en bata y pijama** in dressing gowns and pajamas

LOLITA

(*Abrazándose a ella de nuevo.*) No se oye nada . . .
Es horrible.

ESPERANZA

(*Cayendo de rodillas.*) ¡Dios mío, piedad!

LOLITA

¡No me asustes! ¡Levanta!²² (*La ayuda a hacerlo.*)

ESPERANZA

Tengo la sensación de algo irreparable . . .

LOLITA

¡Calla!

ESPERANZA

Como si hubiésemos estado cometiendo un gran error
. . . Me siento vacía . . . Y sola . . .

LOLITA

¡Oigo pasos! (*Se enfrenta con el chaflán.*) ¡Vámonos!

ESPERANZA

(*Reteniéndola por una mano.*) ¡No me dejes, Lolita!
Estoy llena de pena . . . Duerme esta noche conmigo.

LOLITA

¡Se acercan!

²² ¡**Levanta!** (*instead of* ¡**Levántate!**) Get up!

ESPERANZA

¡Ven a mi alcoba! Es terrible esta soledad.

LOLITA

Vamos, sí . . . Tengo frío . . . (*Se apresuran a salir por la izquierda, muy inquietas. Pausa. Se oyen murmullos después, y entran por el chaflán* DOÑA PEPITA, *que enciende en seguida la luz central, y tras ella* ALBERTO *y* ANDRÉS, *que traen el cadáver de* IGNACIO, *cuya cabeza cuelga y se bambolea.*[23] *Tras ellos,* MIGUELÍN, PEDRO *y* CARLOS. *Vienen agitados, pálidos de emoción.*)

DOÑA PEPITA

Colóquenlo aquí, en el sofá. ¡Aprisa! Miguelín, apague esa radio, por favor. (MIGUELÍN *lo hace y queda junto al aparato.* DOÑA PEPITA *toca en el brazo de* ANDRÉS.) Andrés, avise en seguida a don Pablo, se lo ruego.

ANDRÉS

Ahora mismo. (*Se va por la izquierda.*)

DOÑA PEPITA

(*Arrodillada, coge la muñeca de* IGNACIO *y le pone el oído junto al corazón.*) ¡Está muerto! (*Con los ojos desorbitados,*[24] *mira a* CARLOS, *que permanece impasible. Entra precipitadamente por la izquierda* DON PABLO. *Viene a medio vestir y sin gafas. Detrás de él, entra de nuevo* ANDRÉS.)

---

[23] **cuelga y se bambolea** hangs limply
[24] **desorbitados** out of their sockets, *i.e.,* wide open

DON PABLO

¿Qué pasa? ¿Qué le ha ocurrido a Ignacio? ¿Estás aquí, Pepita?

DOÑA PEPITA

Ignacio se ha matado. Está aquí, sobre el sofá.

DON PABLO

¿Se ha matado . . . ? ¡No comprendo! (*Avanza hacia el sofá. Se inclina. Palpa.*) ¿Cómo ha ocurrido? ¿Dónde?

DOÑA PEPITA

En el campo de deportes. Yo realmente no sé . . . Llegué después.

DON PABLO

¿No sabe nadie cómo ha sido? ¿Quién lo encontró primero?

CARLOS

Yo. (DOÑA PEPITA *no le pierde de vista.*)

DON PABLO

¡Ah! Cuéntenos, cuéntenos, Carlos.

CARLOS

Poco puedo decir. Había salido para tomar el aire porque me dolía la cabeza. Me pareció oír [25] ruidos hacia el tobogán . . . Me fuí acercando. Al tiempo de llegar

---

[25] **Me pareció oír** It seemed to me I heard

sentí un golpe sordo, muy fuerte. Y el movimiento del aire. Comprendí en seguida que debía tratarse de alguna desgracia. Llegué y palpé. Me pareció que era Ignacio. Se había caído desde la torreta y a su lado había una de las esterillas [26] que se usan para el descenso. Entonces pedí socorro. Doña Pepita llegó en seguida y gritamos más . . . Después lo hemos traído aquí. (*Entretanto,* Doña Pepita *ha cubierto al muerto con el tapete* [27] *de una de las mesitas.*)

DON PABLO

¿Cómo es posible? ¡Ahora lo entiendo menos! No comprendo qué tenía que hacer Ignacio subido a estas horas en la torreta del tobogán . . .

ANDRÉS

Acaso se trate de un suicidio, don Pablo.

ALBERTO

¿Y para qué quería la esterilla, entonces? Ignacio se ha matado cuando intentaba deslizarse por el tobogán. Eso está muy claro. Ya sabemos que era muy torpe para todo.

DON PABLO

Pero él no era hombre para [28] esas cosas . . . ¿Qué le importaba el juego del tobogán? Por su misma torpeza no quiso nunca entrenarse con ustedes en ningún deporte.

[26] **esterilla** (little) mat
[27] **tapete** cover (of a table, etc.), small rug
[28] **hombre para** the sort of fellow to do

MIGUELÍN

Permita, don Pablo, que el alumno más joven dé
quizá con la razón [29] que ustedes no encuentran. (*Expectación.*) Yo conocía muy bien a Ignacio. (*Dolorosamente.*) Precisamente porque le torturaban tanto sus
miserias, acaso tratase de superarlas en secreto, simu-
lando indiferencia por los juegos frente a nosotros. Creo
que esta noche y muchas otras, seguramente, en que
tardaba en llegar a nuestro cuarto, trataba de adquirir
destreza sin necesidad de pasar por el ridículo. Ya saben
que era muy susceptible . . .

DON PABLO

(*A moro muerto, gran lanzada.*[30]) En vez de aprender
cuando se le indicaba,[31] nos busca ahora esta complicación por su mala cabeza. Espero que esto sirva de lección a todos . . . (*Breve pausa, durante la que los estudiantes bajan la cabeza, avergonzados.*) Sí. Seguramente
eso es lo que pasó. ¿No te parece, Pepita?

DOÑA PEPITA

(*Sin dejar de mirar a* CARLOS.) Es muy posible . . .

DON PABLO

¿Qué opina usted, Carlos?

[29] **dar con la razón** to hit upon (find) the reason, *i.e.,* to suggest
the explanation
[30] A . . . **lazada** (*proverbial expression*) Brave thrust of the lance
into a dead Moor, *i.e.,* even hares can insult a dead lion
[31] **cuando se le indicaba** when one indicated to him, *i.e.,* when
he was told to

CARLOS

Me parece que Miguelín ha dado en el clavo.[32]

DON PABLO

Menos mal. La hipótesis del suicidio era muy desagradable. No hubiera compaginado bien [33] con la moral de nuestro Centro.

*　　*　　*

DOÑA PEPITA

¿Quieres que vaya a telefonear?

DON PABLO

Es más indicado que vaya yo. Al padre también tendré que avisarle . . . ¡Pobre hombre! Recuerdo que me habló con miedo de los accidentes . . . ¡Pero un accidente puede ocurrirle a cualquiera, y nosotros podemos demostrar que el tobogán y los otros juegos responden a una adecuada pedagogía! ¿Verdad, Pepita?

DOÑA PEPITA

Sí, anda. No te preocupes por eso. Yo me quedaré aquí.

DON PABLO

El muy . . . ¡torpe!, trataba de . . . ¡Claro! (*Se va por el chaflán. Entra por la izquierda, aún vestida, Elisa. Se detiene cerca de la puerta.*)

---

[32] **ha . . . clavo** has hit the nail on the head
[33] **No . . . bien** It would have been incompatible

ELISA

¿Qué ha pasado? Dicen por ahí dentro que Ignacio . . .

MIGUEL

Ignacio se ha matado. Aquí está su cadáver.

ELISA

(*Con sorpresa y sin emoción.*) ¡Oh! (*Instintivamente se acerca a* MIGUELÍN *hasta tocarle. Desliza sus manos por la cintura de él, en un expresivo gesto de reapropiación.*[1] MIGUELÍN *la rodea fuertemente el talle. Poco a poco,* ELISA *reclina la cabeza sobre el hombro de* MIGUELÍN.)

DOÑA PEPITA

Creo que deben marcharse todos de aquí. Muchas gracias por su ayuda y procuren no comentar demasiado con los compañeros. Buenas noches. (*Despide con palmaditas en el hombro a* PEDRO *y a* ALBERTO *por el chaflán.*) Recomienden que no venga nadie a esta habitación. (ANDRÉS *se va también por la izquierda. Tras él,* MIGUELÍN *y* ELISA, *enlazados. Él va serio y tranquilo. Ella no puede evitar una sonrisa feliz.*)

ELISA

Casi es mejor para él . . . No estaba hecho para la vida.[2] ¿No te parece, Miguelín?

---

[1] **reapropriación** taking possession (of him) again
[2] **No . . . vida** He wasn't meant for (a normal) life

MIGUEL

(*Cariñoso.*) Sí. Ha sido lo mejor que le podía ocurrir. Era muy torpe para todo. (*Se oyen por la izquierda las llamadas de* JUANA, *que aparece en seguida, con bata, cruzando ante ellos.* MIGUELÍN, *contristado,*[3] *intenta detenerla; mas* ELISA *lo retiene de nuevo, suave, y lo conduce a la puerta, por donde salen.*)

JUANA

¡Carlos! ¡Carlos! ¿Estás aquí?

CARLOS

Aquí estoy, Juana. (*Ella le encuentra en el primer término y se arroja en sus brazos sollozando.*)

JUANA

¡Carlos! (CARLOS *la acoge con una desencantada*[4] *sonrisa.* DOÑA PEPITA *los mira dolorosamente.*) ¡Pobre Ignacio!

CARLOS

Ya descansa.

JUANA

Sí. Ahora es más feliz. (*Llora.*) ¡Perdóname. Sé que te he hecho sufrir . . .

CARLOS

No tengo nada que perdonarte, querida mía.

---

[3] **contristado** gloomily
[4] **desencantada** disillusioned

JUANA

¡Sí, sí! Tengo que confesarte muchas cosas . . . Me pesan horriblemente . . . Pero mi intención era buena, ¡te lo juro! ¡Yo nunca he dejado de quererte, Carlos!

CARLOS

Lo sé, Juana, lo sé.

JUANA

¿Me perdonarás? ¡Te lo confesaré todo! ¡Todo!

CARLOS

No es preciso, ya que nada grave puede ser. Te lo perdono todo sin saberlo.

JUANA

¡Carlos! (*Le besa impulsivamente.*)

DOÑA PEPITA

(*Sombría.*) Amigos míos . . . No olviden que hay un cadáver aquí.

CARLOS

Tiene usted razón. Vamos, Juanita. Debemos marcharnos. (*Enlazados; él melancólico y ella vibrando, se dirigen a la izquierda.*)

DOÑA PEPITA

(*Con trabajo.*) Usted quédese, Carlos. Quiero hablarle.

CARLOS

(*Inclina la cabeza.*) Está bien. Adiós, Juana.

JUANA

Hasta mañana, Carlos. ¡¡Y gracias!! . . . (*Separan lentamente sus manos.* JUANA *se va.* CARLOS *queda en pie, aguardando.* DOÑA PEPITA *le mira angustiada. Una larga pausa.*)

DOÑA PEPITA

Ha sido lamentable, ¿verdad?

CARLOS

Sí. (*Pausa.*)

DOÑA PEPITA

(*Se acerca, mirándole fijamente.*) Sería inútil negar que el Centro se ha librado de su mayor pesadilla . . . Que todos vamos a descansar y a revivir . . . La solución que antes reclamaba don Pablo . . . se ha dado [5] ya. (*Con acento de reproche.*[6]) ¡Pero nadie esperaba . . . tanto! [7]

CARLOS

(*Terminante.*) Sea como sea, el peligro se cortó a tiempo.

DOÑA PEPITA

(*Amarga.*) ¿Usted cree?

[5] **se ha dado** has come about
[6] **Con acento de reproche** Reproachfully
[7] **tanto** such a terrible outcome

CARLOS

(*Despectivo.*) ¿No se dió cuenta? Muerto Ignacio,[8] sus mejores amigos le abandonan; murmuran sobre su cadáver. ¡Ah, los ciegos, los ciegos! ¡Se creen con derecho a compadecerle; ellos, que son pequeños y vulgares! Miguelín y Elisa se reconcilian. Los demás respiran como si les hubiesen librado de un gran peso. ¡Vuelve la alegría a la casa! ¡Todo se arregla!

DOÑA PEPITA

Me apena oírle . . .

CARLOS

(*Violento.*) ¿Por qué? (*Breve pausa.*)

DOÑA PEPITA

(*En un arranque.*) ¡Qué ha hecho usted!

CARLOS

(*Irguiéndose.*[9]) No comprendo qué quiere decir.

DOÑA PEPITA

A veces, Carlos, creemos hacer un bien [10] y cometemos un grave error . . .

CARLOS

No sé a qué se refiere.

---

[8] **Muerto Ignacio** As soon as Ignacio was dead. *A frequent Spanish construction.*

[9] **Irguiéndose** Straightening up, *i.e.,* startled

[10] **creemos hacer un bien** we think we are doing something beneficial

DOÑA PEPITA

Tampoco acertamos a comprender, a veces, que no se nos habla para inquietarnos, sino para consolarnos . . . Se nos acercan personas que nos quieren y sufren al vernos sufrir, y no queremos entenderlo . . . Las rechazamos, cuando más desesperadamente necesitamos descansar en un pecho amigo . . .

CARLOS

(*Frío.*) Muchas gracias por su afecto . . ., que es innecesario ahora.

DOÑA PEPITA

(*Cogiéndole las manos.*) ¡Hijo!

CARLOS

(*Desasiéndose.*[11]) No soy tonto, doña Pepita. Comprendo de sobra lo que insinúa. Ignacio y yo, a la misma hora, en el campo de deportes . . . Esa suposición es falsa.

DOÑA PEPITA

¡Claro que sí! ¡Falsa! No he dicho yo otra cosa. (*Lenta.*) Ni pienso decir otra cosa.

CARLOS

No puedo agradecérselo. Nada hice.

DOÑA PEPITA

(*Con una fugaz mirada al muerto.*) Y el pobre Ignacio

---

[11] **desasirse** to release (free) oneself

ya nada podrá decir . . .[12] Pero cálmese, Carlos . . .
Suponiendo que fuese cierto . . . (*Movimiento de él.*)
¡Ya, ya sé que no lo es! [13] Pero, en el caso de que lo
fuese, nada podría arreglarse ya hablando . . .,[14] y el
Centro está por encima de todo.

CARLOS

Opino lo mismo.

DOÑA PEPITA

Y todos nuestros actos deben tender a beneficiarle, ¿no
es así?

CARLOS

(*Irónico.*) Así es. Sé lo que piensa; no se canse.

DOÑA PEPITA

O a beneficiarnos personalmente.

CARLOS

¿Qué?

DOÑA PEPITA

El Centro puede tener enemigos . . ., y las personas,
rivales de amor. (*Pausa.* CARLOS *se vuelve y avanza
cansadamente hacia la derecha. Tropieza en una silla
del juego de ajedrez y se deja caer en ella.*) ¿No quiere
confiarse a mí?

---

[12] **ya nada podrá decir** can no longer say anything
[13] **lo es (lo fuese).** *Untranslatable* **lo** (*refers to* **cierto**).
[14] **nada . . . hablando** not a thing could be settled by speaking up

CARLOS

(*Tenaz.*) ¡Le repito que es falso lo que piensa!

DOÑA PEPITA

(*Que se acerca por detrás y apoya sus manos en los hombros de él.*) Bien . . . Me he engañado. No ha habido ningún crimen; ni siquiera un crimen pasional. Usted no quiere provocar la piedad de nadie. ¿Ni de Juana?

CARLOS

(*Feroz.*) Juana deberá aprender a evitar ese peligroso sentimiento. (*Pausa. Su mano juguetea con las piezas del tablero.*[15])

DOÑA PEPITA

Carlos . . .

CARLOS

¿Qué?

DOÑA PEPITA

Le haría tanto bien abandonarse . . .

CARLOS

(*Levantándose de golpe.*) ¡Basta! ¡No se obstine en conseguir una confesión imposible! ¿Qué pretende? ¿Acreditar su sagacidad? ¿Representar conmigo el papel de madre a falta de hijos propios?

[15] tablero (chess-) board

DOÑA PEPITA

(*Lívida.*) Es usted cruel . . . No lo seré yo tanto. Porque, hace media hora, yo trabajaba aquí, y pudo ocurrírseme levantarme para mirar por el ventanal. No lo hice. Acaso, de hacerlo,[16] habría visto a alguien que subía las escaleras del tobogán cargado con el cuerpo de Ignacio . . . ¡Ignacio, desvanecido, o quizá ya muerto¹ (*Pausa.*) Luego, desde arriba, se precipita el cuerpo . . ., sin tener la precaución de pensar en los ojos de los demás. Siempre olvidamos la vista ajena. Sólo Ignacio pensaba en ella. (*Pausa.*) Pero yo no vi nada, porque no me levanté. (*Aguarda, espiando su rostro.*)

CARLOS

¡No, no vió nada! Y aunque se hubiese levantado y hubiese creído ver . . . (*Con infinito desprecio.*) ¿Qué es la vista? ¡No existe aquí la vista! ¿Cómo se atreve a invocar el testimonio de sus ojos? ¡Sus ojos! ¡Bah!

DOÑA PEPITA

(*Llorosa.*) Hijo mío, no es bueno ser tan duro.

CARLOS

¡Déjeme! ¡Y no intente vencerme con sus repugnantes argucias femeninas!

DOÑA PEPITA

Olvida que soy casi una vieja . . .

CARLOS

¡Usted es quien parece haberlo olvidado!

---

[16] **de hacerlo** had I done so

DOÑA PEPITA

¿Qué dice? (*Llorando.*) ¡Loco, está usted loco! . . .

CARLOS

(*Desesperado.*) ¡Sí! ¡Márchese! (*Pausa.*)

DOÑA PEPITA

(*Turbada.*) Sí, me voy . . . Parece que don Pablo
tarda demasiado . . .[17] (*Inicia la marcha y se detiene.*)
Y usted no quiere amistad, ni paz . . . No quiere paz
ahora. Porque cree haber vencido, y eso le basta. Pero
usted no ha vencido, Carlos; acuérdese de lo que le
digo . . . Usted no ha vencido. (*Engloba en una triste
mirada al asesino y a su víctima, y sale por el chaflán.
Carlos se derrumba sobre la silla. Su cabeza pierde la
rigidez anterior y se dobla sobre el pecho. Su respiración
es a cada momento más agitada; al fin no puede más y
se despechuga,[18] despojándose con un gesto que es mitad
de ahogo y mitad de indiferencia, de la corbata. Después
vuelve la cabeza hacia el fondo, como si atendiese a
alguna inaudible llamada. Luego, se levanta, vacilante.
Al hacerlo, derriba involuntariamente con la manga las
fichas del tablero, que ponen con su discordante ruido
una nota agria y brutal en el momento. Se detiene un
segundo, asustado por el percance,[19] y palpa con tristeza
las fichas. Después avanza hacia el cadáver. Ya a su lado,
en la suprema amargura de su soledad irremediable, cae
de rodillas y descubre con un gesto brusco la pálida faz*

---

[17] **tarda demasiado** should have been back by this time
[18] **se despechuga** pulls open his shirt
[19] **percance** unexpected occurrence, mishap

del muerto, que toca con la desesperanza de quien [20]
toca a un dormido que ya no podrá despertar. Luego, se
levanta, como atraído por una fuerza extraña, y se acerca
tanteando al ventanal. Allí queda inmóvil, frente a la
luz de las estrellas. Una voz grave, que pronto se encan-
dece [21] *y vibra de pasión infinita—la suya—, comienza*
a oírse:)

CARLOS

. . . Y ahora están brillando las estrellas con todo su
esplendor, y los videntes gozan de su presencia mara-
villosa. Esos mundos lejanísimos están ahí, tras los cristales . . . (*Sus manos, como las alas de un pájaro he-*
rido, tiemblan y repiquetean [22] *contra la cárcel misteriosa*
del cristal.) ¡Al alcance de nuestra vista! . . ., si la
tuviéramos . . .

[20] **quien** one who
[21] **se encandece** becomes fiery
[22] **repiquetear** to cause to tinkle (ring); *here,* to tap, beat

TELÓN LENTO

PREGUNTAS, TEMAS Y REPASO
DE MODISMOS

ACTO I

Páginas 1–9

1. ¿Dónde tiene lugar la acción del primer acto?
2. ¿Qué hay en el centro de la escena?
3. ¿Qué hay junto al lateral derecho?
4. ¿Cuántos jóvenes hay allí?
5. ¿Qué hacen algunos de ellos?
6. ¿Qué detalle distingue a los jóvenes?
7. ¿Por qué ríen los demás cuando Elisa pregunta la hora?
8. Según Andrés ¿qué hora es?
9. ¿A qué hora es el acto de apertura?
10. ¿Quién corre a echarse en los brazos de Miguel?
11. ¿Cómo acogen los demás a Miguel?
12. ¿De qué tenía ganas Miguel?
13. Según Lolita ¿por qué no necesitan ir al paraninfo?
14. ¿Qué empieza a contar Miguel?

Temas

1. Descripción del fumadero y de los jóvenes allí presentes.
2. Ignacio—descripción personal—qué ocurre hasta que Juana coge su mano.

Repaso de modismos

1. **dar a**	to open on, face
2. **alrededor de**	around
3. **no obstante**	notwithstanding, nevertheless
4. **tal vez**	perhaps
5. **al parecer**	apparently
6. **enfrentarse con**	to face
7. **es que**	the point (fact) is; *see* ser *in the vocabulary*
8. **está bien**	all right
9. **hace** (+ *period of time*)	for; ago
10. **dar** (*las 10*)	to strike (*10 o'clock*)
11. **meterse con**	to meddle (quarrel) with
12. **de golpe**	suddenly, impulsively
13. **estrechar la mano**	to shake hands
14. **¿qué tal?** (¿qué tal . . .?)	how are you? (how . . . ? what sort of . . . ?)
15. **ya era (es) hora**	it was (is) about time
16. **volver a** (*coger*)	to (*take hold*) again
17. **tener ganas de**	to feel like
18. **en cuanto**	as soon as
19. **querer decir**	to mean
20. **pasarlo (bien, mal)**	to have a (good, bad) time
21. **no cabe duda**	there is no doubt
22. **de una vez**	at once, once and for all
23. **ya no**	no longer
24. **saber** (+ *inf.*)	to know how, can
25. **volverse**	to turn around
26. **cambiar de (idea, parecer)**	to change (one's mind)
27. **tropezar con** (*or* en)	to stumble over, come upon

Páginas 10–23

1. Según Alberto ¿quién debe de ser Ignacio?
2. ¿Dónde está el padre de Ignacio?
3. ¿Por qué se separó Ignacio de su padre?
4. ¿Por dónde aparecen el padre y don Pablo?
5. ¿Cuántos años tiene don Pablo?
6. ¿Cómo es su vestido? ¿Qué gafas usa?
7. ¿Qué encontrará Ignacio en la institución?
8. ¿Qué no había podido suponer el padre?

9. ¿Cómo oyen y se orientan los ciegos?
10. ¿Qué puestos ocupan algunos ciegos?
11. Cuando Elisa trata de salir, ¿quién le tira del brazo?
12. ¿Qué matrimonios abundan cada día más?
13. ¿Quién es la secretaria de don Pablo?
14. ¿Cómo se marcha el padre de Ignacio?
15. ¿Quiénes van a ser compañeros de habitación?
16. ¿Cómo saldrá del centro Ignacio?

Temas

1. El padre de Ignacio—su preocupación—su actitud hacia los ciegos.
2. Don Pablo—sus ideas pedagógicas.

Repaso de modismos

1. **otra vez**	again
2. **tardar en** (+ *inf.*)	to take a long time to
3. **acabar de** (+ *inf.*)	to have just
4. **lo de aquí (lo de siempre)**	what happened here (the usual thing)
5. **volverse con**	to go back to
6. **ponerse a** (+ *inf.*)	to begin to
7. **deber de** (+ *inf.*)	must (*conjecture*)
8. **tener miedo**	to be afraid
9. **en seguida**	at once
10. **dar unos pasos**	to take a few steps
11. **por ahí**	(somewhere) out there, that way
12. **entre . . . y**	both . . . and, half . . . half
13. **pasarle a uno**	to be the matter (wrong) with someone
14. **desde luego**	of course, at once
15. **llevar** (+ *time expression*)	to have been
16. **en cambio**	on the other hand
17. **por otra parte**	on the other hand, for that matter, besides
18. **por lo demás**	besides, anyway

19. **hasta ahora, hasta pronto,** *etc.*	so long, see you presently, see you soon, etc.
20. **tratar de** (+ *inf.*)	to try to
21. **tirar de**	to pull
22. **de pie**	standing
23. **nada de eso**	nothing of the sort
24. **cada vez más; cada día más**	more and more; more and more every day
25. **gozar de**	to enjoy
26. **a causa de, por causa de**	because of
27. **de todos modos**	at any rate, anyway
28. **hecho un; todo un**	like a; a full fledged
29. **ya lo creo**	I should say so
30. **al fin**	finally

Páginas 23–33

1. ¿Quiénes van a ayudar a Ignacio?

2. ¿Quién le acomodará en el cuarto?

3. ¿Qué debe abandonar Ignacio en seguida? ¿Por qué?

4. ¿Qué le ha parecido don Pablo a Ignacio?

5. ¿Con quién está casado el profesor de Biología?

6. ¿Por qué está algo afectado Ignacio?

7. En esta casa ¿qué sobra para Ignacio?

8. Según Carlos ¿a quién necesitaban allí?

9. ¿Por qué no quiere ir Miguel cuando Carlos le llama?

10. ¿A quién utiliza Miguel para sus chistes?

11. ¿Por qué cree Ignacio que ha de congeniar con Miguel?

12. ¿Cuál es la mayor felicidad de Miguel?

13. ¿Qué dice Miguel de las confidencias femeninas?

14. ¿Qué propone Miguel?

15. ¿Con qué se conforma Carlos?

16. Al salir los muchachos ¿qué hacen Elisa y Juana?

17. ¿Quién entra por la puerta del foro?

18. ¿Dónde se detiene doña Pepita? ¿Cuántos años tiene?

Temas

1. Contraste entre Carlos y Miguel—descripción que hace Carlos de Miguel.
2. Contraste entre Juana y Elisa.

Repaso de modismos

1. reparar en	to notice, mind
2. dar la vuelta (a)	to take a walk (around)
3. hacer falta	to need, be needed
4. a tu gusto	suit yourself
5. importar(le a uno)	to matter, concern someone
6. ¿qué te parece (. . .)?	what do you think (of . . .)?
7. asistir a	to attend
8. según	that depends (according to)
9. ¿qué tiene de particular?	what is strange about it?
10. puede (que)	perhaps
11. hacer(se) (el muerto)	to pretend to be (dead)
12. darle la gana a uno	to do as one pleases
13. dejar de (+ inf.)	to fail to, stop
14. no hay remedio	it can't be helped
15. en fin	in short
16. así y todo	in spite of it all
17. ajustar las cuentas	to settle accounts (with)
18. ya te lo diré luego	you'll hear from me about it later
19. de prisa	in a hurry
20. conformarse con	to be satisfied with
21. en tanto que (cf. entretanto)	while

Páginas 33-42

1. ¿Qué sabe ya doña Pepita?
2. ¿A quiénes llama ella caballeros andantes?
3. Según Juana ¿cómo es Elisa?
4. ¿Qué mandará conectar doña Pepita? ¿Por qué?

5. ¿Qué encargo no le agrada a Elisa? ¿Por qué?
6. Según Juana ¿quiénes no creen en el flúido magnético?
7. ¿Qué sensación percibía Elisa cuando Ignacio estaba presente?
8. ¿Cómo le pareció Ignacio a Juana?
9. Según Juana ¿cuál es la solución para Ignacio?
10. ¿Para qué llama Miguel a Elisa?
11. ¿Con qué frase revela su presencia Juana?
12. ¿Qué quiere Carlos que haga Juana?
13. ¿Dónde había quedado Ignacio?
14. ¿Por qué no asistirá él a la apertura?
15. Cuando Elisa y Miguel salen, ¿quién aparece por la derecha?

Temas

1. El programa de don Pablo para animar a Ignacio —la famosa moral de acero del Centro.
2. Las primeras confidencias entre Juana y Elisa.

Repaso de modismos

1. **igual que siempre**	the same as usual
2. **por eso (mismo)**	for that (very) reason
3. **respecto a**	in regard to
4. **de paso**	in passing, incidentally
5. **hacerse cargo (de)**	to understand, bear in mind
6. **es preciso**	it is necessary
7. **hay que** (+ *inf.*)	one must, it is necessary
8. **salir(le) mal (a uno)**	to turn out poorly, fail
9. **tener razón**	to be right
10. **tener que** (+ *inf.*)	to have to
11. **tiene (tenía) que haber**	there must (had to) be
12. **pensar en**	to think of (about)
13. **ocurrírsele**	to occur to one
14. **de pronto**	suddenly

15. **acordarse de** — to remember
16. **declararse** — to propose
17. **anda** (*exclamatory*) — come! go (come) on!
18. **se acabó** — it's all over, no more of that
19. **no tardar** — to be here any minute

Páginas 43–50

1. ¿De dónde viene Ignacio? ¿A dónde va?
2. ¿Cómo se queda Juana?
3. ¿Quién se llevará un disgusto?
4. ¿Cómo le consideran los demás a Ignacio?
5. Según Ignacio ¿de qué están envenenados los del Centro?
6. ¿Qué esperaba encontrar Ignacio en el Centro?
7. ¿Cómo considera él a los que encontró allí?
8. Según Juana ¿qué necesita Ignacio?
9. ¿Qué dice Ignacio que necesita?
10. ¿Por qué cree Ignacio que sus compañeros no tienen derecho a vivir?
11. ¿Qué aconsejan los ciegos para reanimar a los tristes?
12 ¿Qué encuentra Ignacio por todos los rincones?
13. ¿Por qué cree él que el ponerse de rodillas es un gesto tonto?
14. ¿De qué no debe hablar Juana?
15. ¿Qué es lo que quiere Ignacio?

Temas

1. Lo que piensa Ignacio del Centro y de los estu· diantes—el fuego que le consume.
2. La vuelta de Carlos—cómo entra—lo que pasa después.

Repaso de modismos

1. dejarse llevar (de)	to give way (to)
2. llevarse un disgusto	to be disappointed
3. sentir(lo)	to be sorry
4. me dan pena	I am sorry for them
5. sobre todo	especially
6. echarse (*novia*)	to get oneself (*a sweetheart*)
7. querer (+ *personal object*)	to love, like
8. ¿qué más da?	what difference does it make?
9. quedarse con	to keep
10. empeñarse (obstinarse) en	to insist on, persist in
11. negarse a	to refuse
12. acertar a	to succeed in, guess (be) right
13. por favor	please
14. de rodillas	kneeling, on (my, *etc.*) knees
15. hacer mal negocio	to strike a bad bargain
16. de nuevo	again

ACTO II

Páginas 51–61

1. ¿Qué hay en el suelo de la terraza?
2. ¿Por qué está preocupado Carlos?
3. ¿Por qué se considera Juana parcialmente culpable?
4. Según Carlos ¿cómo está don Pablo? ¿Por qué?
5. ¿Qué trató de hacer Carlos? ¿Por qué?
6. Cuando don Pablo preguntó si Elisa había reñido con Miguel, ¿por qué no quiso Carlos explicarle el caso a fondo?
7. ¿Qué notó Juana cuando estaba en la mesa?
8. ¿Qué ha demostrado Ignacio?
9. ¿Qué cree Juana preferible a la guerra?
10. ¿Con qué fuerza de Ignacio no había contado Carlos?

11. ¿A quiénes desdeña Ignacio?
12. ¿Qué camino le queda a Carlos para combatir a Ignacio?
13. ¿Qué dice Carlos de la razón?
14. ¿Qué emplearía Juana si fuese médico?
15. ¿A dónde conduce Andrés a Ignacio cuando entran?
16. ¿Qué le pide Pedro a Ignacio?
17. ¿Qué es lo malo de los cigarrillos?
18. ¿Cuántos años tenía Ignacio cuando tuvo el accidente?

Tema

El incidente del tropiezo—reacción de las muchachas—reflexiones de Ignacio

Repaso de modismos

1. **me causa (causaba) lástima**	I feel (felt) pity for him
2. **a fondo**	thoroughly, fully
3. **¿de qué modo?**	how?
4. **en el fondo**	at heart, fundamentally
5. **contar con**	to count on, reckon with
6. **quedar(le a uno)**	to have . . . left
7. **gustar(le a uno)**	to like
8. **menos mal**	it's something, could be worse
9. **llegar a** (+ *inf.*)	to succeed in, get to the point of
10. **del todo**	completely
11. **preocuparse por**	to worry
12. **dar** (with sol)	to strike, shine
13. **tenerse en pie**	to stand up
14. **reírse a carcajadas**	to laugh boisterously
15. **ponerse** (+ *adjective*)	to become
16. **a punto de**	about to
17. **tener . . . años**	to be . . . years old
18. **vale más**	it is better
19. **a medida que**	(according) as
20. **a tiempo (de, para)**	just in time (to)

Páginas 61–72

1. ¿Cómo piensa Ignacio que será el placer de ver?
2. ¿Quién empieza a acercarse cuando oye la voz de Miguel?
3. ¿Qué idea genial se le ha ocurrido a Miguel?
4. Según Miguel ¿quiénes son los únicos seres normales?
5. ¿Qué ha sabido ocultar Miguel?
6. ¿Adónde quiere ir a pasear Elisa? ¿Por qué?
7. ¿Por qué no quiere acompañarla Miguel?
8. ¿Junto a quién se sienta Elisa?
9. ¿Qué encuentra Carlos en las palabras de sus compañeros?
10. ¿Qué siente decirle a Carlos Miguelín?
11. Según Ignacio ¿qué mundo forman los ciegos?
12. ¿Qué cree Carlos de los problemas a medio resolver?
13. ¿Qué contesta Ignacio a eso?
14. ¿Cómo coge Ignacio el cenicero y qué hace?
15. Según Carlos ¿qué es lo que le hace tropezar a Ignacio?
16. ¿Dónde coloca Ignacio el velador? ¿Cómo?
17. ¿Por qué cree Carlos que no se puede tropezar en el Centro?
18. ¿De qué se ríe Ignacio?

Temas

1. El mundo de los "videntes" y el de los "invidentes" según Carlos
2. El incidente del velador

Repaso de modismos

1. **no servir(le a uno)**	to be of no use (to one)
2. **¿(no es) verdad?**	isn't it so? haven't I? doesn't he? *etc.*
3. **no poder más**	not to be able to endure longer
4. **alto** (*exclamatory*)	halt, take it easy
5. **había (hubo), podía haber**	there was *or* were, there could (might) be
6. **a veces**	at times, sometimes
7. **en lugar (vez) de**	instead of
8. **claro (que)**	of course
9. **por desgracia**	unfortunately
10. **hacer daño**	to hurt
11. **darse cuenta de**	to realize, notice
12. **ahora mismo**	right now
13. **por en medio**	in the middle, in the way
14. **dar miedo**	to frighten

Páginas 72–82

1. ¿Qué piensa Ignacio del amor?

2. ¿Por dónde avanza doña Pepita? ¿Cuándo se detiene?

3. ¿Por qué se casaron doña Pepita y don Pablo?

4. ¿Qué efecto produce la explicación de Ignacio?

5. ¿Qué ocurre cuando interviene doña Pepita?

6. ¿A dónde quiere ella que vaya todo el mundo? ¿Para qué?

7. ¿Quién es para doña Pepita el alumno predilecto de la casa?

8. ¿Qué le dice doña Pepita a Carlos?

9. ¿Por qué no quiere patinar Ignacio, ni dejar el bastón?

10. ¿Dónde pone Carlos el velador?

11. ¿Qué es lo que no sabe Carlos?

12. Según Ignacio ¿qué es ese contagio de que le habla Carlos?

13. Según Carlos ¿cuál es la diferencia entre sus palabras y las de Ignacio?
14. ¿Quién se ha caído dos veces?
15. Según Ignacio ¿sobre qué mentira está fundado el Centro?
16. ¿Quiénes aparecen al salir Carlos?
17. ¿A quién llaman Lolita y Esperanza?
18. ¿Qué hace Juana cuando Elisa trata de separarse?

Tema

El mundo de los "videntes" y el de los "invidentes" según Ignacio

Repaso de modismos

1. no tener inconveniente	to have no objection
2. haber de (+ *inf.*)	to be to, be expected, should
3. en cuanto a	in regard to, as for
4. pasar de	to go beyond
5. por entero	entirely
6. de repente	suddenly
7. de nuevo	again
8. todo el mundo	everybody
9. tomar el aire	to enjoy (some) fresh air
10. tú dirás (Vd. dirá)	what is on your mind?
11. entenderse	to understand each other, get along
12. de acuerdo	agreed, granted
13. ya que	since
14. cada cual	each one
15. vaya (*exclamatory*)	well! fine!
16. interesar(le a uno)	to concern
17. a poco	shortly, presently

Páginas 83–92

1. ¿De quién está harta Elisa?
2. ¿Por qué odia Elisa a Ignacio?
3. ¿Cómo explica Juana la indiferencia de Miguel?

4. ¿Qué preferiría Elisa?
5. ¿Quiénes son imbéciles?
6. ¿Qué es lo que necesita Miguel?
7. ¿Qué le aconseja Juana a Elisa?
8. Según Juana ¿de qué es digno Ignacio?
9. ¿Cómo hay que ser con las flaquezas ajenas?
10. ¿Quiénes le dan lástima a Elisa?
11. ¿Quién es más fuerte que todos?
12. ¿Quién llama a Juana al salir Elisa?
13. ¿Qué ha adivinado Juana en Ignacio?
14. ¿Qué le horroriza a Ignacio?
15. ¿Qué le pide Juana a Ignacio?
16. ¿Qué contesta éste?

Tema

El amor de Ignacio por Juana—por qué la quiere
—por qué cree que Carlos no es digno de su
amor—la gran inquietud de Juana

Repaso de modismos

1. **estar harto de**	to be "fed up" with
2. **en fin de cuentas**	anyway, after all
3. **por mi (tu,** *etc.*) **parte**	as far as I (you, *etc.*) am concerned
4. **ponerse en ridículo**	to look ridiculous
5. **conviene (convenía,** *etc.*)	it is (was, *etc.*) desirable, wise
6. **de verdad**	really
7. **de cara a**	facing
8. **de espaldas a**	with one's back to
9. **romper a** (+ *inf.*)	to burst forth, begin
10. **dar(le) vergüenza (a uno)**	to be ashamed, embarrassed

ACTO III

Páginas 93–104

1. ¿Quién está sentado junto al ajedrez? ¿Con quién juega?
2. ¿Cómo lleva la camisa y la corbata?
3. ¿Qué comprende Elisa ahora? ¿En qué no repara?
4. ¿Por qué sufren mucho Elisa y Carlos?
5. ¿Qué hace Carlos para que Elisa calle?
6. ¿Está Carlos desesperado o loco?
7. ¿Qué hace Elisa al oír a Ignacio y Miguel?
8. ¿Cómo se llama la muchacha a quien no hacía caso Miguel?
9. ¿De qué no llegó a enterarse Miguel?
10. ¿Con quién tiene él ganas de hablar?
11. Según Ignacio ¿a quiénes no les gustan los temas abstractos?
12. ¿Qué contesta Carlos a esta observación?
13. ¿Por qué quiere irse Elisa?
14 Antes de comenzar a hablar Ignacio y Carlos, ¿quién entra?
15. ¿Cómo encuentra doña Pepita a Ignacio?
16. ¿Por dónde va ella a dar una vuelta?
17. Según Carlos ¿por qué conviene que se marche Ignacio?
18. ¿De qué está seguro Ignacio?

Tema

La desesperación de Carlos y Elisa

Repaso de modismos

1. **enamorarse (de)**	to fall in love (with)
2. **es mi paño de lágrimas**	I weep on (his) shoulder
3. **ojalá**	would that
4. **hacer mal**	to do wrong, be foolish
5. **ni (. . .) siquiera**	not even
6. **todo se arreglará**	everything will be all right
7. **me llamo (te llamas,** *etc.***)**	my (your, *etc.*) name is
8. **hacer caso (a** *or* **de)**	to pay attention (to)
9. **estar por**	to favor, care for
10. **arreglárselas**	to manage
11. **dar una vuelta**	to take a walk
12. **paciencia** (*exclamatory*)	*counseling others, or asserting one's own, resignation*
13. **al poco rato**	after a short while
14. **por (lo) tanto**	therefore

Páginas 104–114

1. ¿Qué le duele a Ignacio como una mutilación propia?
2. Al pasar por la terraza, ¿de qué no se dió cuenta Carlos?
3. ¿De qué maravilla gozan los videntes?
4. ¿A quién no le importan las estrellas?
5. ¿De qué se moriría Ignacio si gozara de la vista?
6. ¿En qué consiste la desgracia de Carlos?
7. ¿Qué tratan, a veces, de imaginarse los videntes?
8. ¿Por qué enloquecieron algunos videntes?
9. ¿Qué ha sentido Ignacio?
10. Según Carlos ¿qué es lo que busca Ignacio?
11. ¿Cuál es para Ignacio la única forma de ganar la vista?
12. ¿Qué defiende Carlos?
13. Al aparecer doña Pepita, ¿qué aconseja a los jóvenes?

14. Según Ignacio ¿quién es la causa de la furia de Carlos?

15. Según Carlos ¿por qué ya no piensa Ignacio en el suicidio?

16. ¿Por qué se alegra don Pablo de encontrar a Carlos?

Temas

1. La gran pasión de Ignacio: la luz y las estrellas.
2. Carlos defiende la única vida que él conoce.

Repaso de modismos

1. al alcance de	within reach of
2. a (mi, tu, *etc.*) pesar	in spite of (me, you, *etc.*)
3. al menos	at least
4. por (*poco*) que (*sea*)	however (*little it may be*)
5. por la mañana	in the morning
6. gozarse en	to take delight in
7. de noche	at night
8. es igual	it is all the same
9. saber a	to taste like
10. se ve	it is evident
11. sea como sea	one way or another
12. de ningún modo	by no means
13. tener sueño	to be sleepy
14. no (. . .) ya	no longer

Páginas 115–126

1. ¿Quiénes son los primeros auxiliares de Ignacio?
2. Según don Pablo ¿qué ocurriría si se marchase Ignacio?
3. ¿Por qué no quiere echarle del Centro don Pablo?
4. Antes de irse, ¿qué le pide don Pablo a Carlos?
5. ¿Por qué no se acuesta Carlos?
6. ¿Qué apaga doña Pepita?

7. ¿Qué va a tomar Carlos? ¿Para qué?
8. ¿Qué hora es en el reloj de doña Pepita?
9. Después de mirar por la ventana, ¿por qué sale ella corriendo?
10. ¿Qué piden del campo y qué dicen?
11. ¿Quiénes aparecen en bata y pijama?
12. ¿Qué sensación tiene Esperanza?
13. ¿Quiénes traen el cadáver de Ignacio?
14. ¿Cómo vienen todos?
15. ¿Dónde colocan el cadáver?
16. ¿Quién va a apagar la radio?
17. ¿Cómo viene don Pablo?
18. Al oír la explicación de Miguel, ¿qué observación hace don Pablo?

Tema

La muerte de Ignacio: ¿cómo la explican Carlos y Miguel?

Repaso de modismos

1. **por lo pronto**	for the time being
2. **de un modo u otro**	one way or another
3. **no poder con**	not to be able to do anything with
4. **que descanse(s)**	I hope you rest well
5. **doler(le) la cabeza (a uno)**	to have a headache
6. **a medio** (*vestir*)	half, partially (*dressed*)
7. **tratarse de**	to be a question of
8. **ser hombre para**	to be the sort of fellow to do
9. **dar con**	to hit (come) upon, find
10. **frente a**	in front of, before
11. **pasar por el ridículo**	to look ridiculous
12. **mala cabeza**	lack of judgment
13. **¿no te parece?**	don't you think so?
14. **dar en el clavo**	to hit the nail on the head

Páginas 126–137

1. ¿Por qué no quiere don Pablo que doña Pepita vaya a telefonear?
2. ¿Qué recuerda don Pablo?
3. Al llegar Elisa, ¿dónde se detiene?
4. ¿Qué cree doña Pepita?
5. ¿A quiénes despide doña Pepita? ¿Cómo?
6. ¿Quién no estaba hecho para la vida?
7. ¿Qué opina Miguelín sobre esto?
8. ¿Cómo acoge Carlos a Juana?
9. ¿Qué le jura Juana a Carlos?
10. Al marcharse Juana, ¿qué dice doña Pepita?
11. ¿Qué vino a cortar la muerte de Ignacio?
12. ¿Qué comprende Carlos que supone doña Pepita?
13. Según Carlos ¿qué papel pretende representar doña Pepita?
14. ¿Quién era el único que pensaba en los ojos de los demás?
15. ¿Qué olvida Carlos respecto a doña Pepita?
16. Según doña Pepita ¿quién ha vencido?
17. ¿Qué prueba tenemos de esto en las últimas palabras de Carlos?

Temas

1. La muerte de Ignacio—lo que ha visto desde la ventana doña Pepita.
2. La congoja de doña Pepita—última escena entre ésta y Carlos.

Repaso de modismos

1. **responder a**	to suit the needs of
2. **poco a poco**	little by little

3. **estar hecho para**   to be meant for
4. **claro (que sí)**   of course
5. **claro que no**   of course not
6. **por encima (de)**   on top (of), above
7. **por debajo (de)**   beneath, under
8. **por detrás (de)**   behind
9. **de sobra**   more than enough
10. **representar un papel**   to play a part
11. **a falta de**   in the absence of
12. **de** (*hacerlo*)   if (*I, you, etc. had done so*)

VOCABULARY

VOCABULARY

Omitted from the vocabulary, except when a special meaning is involved, are: cardinal and ordinal numbers; days and months; articles; personal, reflexive, relative and interrogative pronouns; demonstrative and possessive adjectives and pronouns; adverbs ending in *mente* when the corresponding adjective appears; common diminutives of words listed; regular past participles of listed infinitives; words which have English cognates identical in meaning and spelling; names of characters; and words translated in the notes which appear only that single time.

Abbreviations used: *aux.* auxiliary, *dim.* diminutive, *f.* feminine (noun), *imp.* imperfect, *impers.* impersonal, *inf.* infinitive, *m.* masculine (noun), *n.* noun, *p.* page, *p. p.* past participle, *pl.* plural, *pres.* present.

Gender indications are not given for masculine nouns ending in **o** and feminine nouns ending in **a, ión, dad, tad** and **tud.**

A

a to, at, for, from, of; *personal* **a** *untranslated*; **al = a + el**

abandonar to abandon, give up **-se** to let oneself go, open up one's heart

abandono abandonment, neglect, desertion

abierto open, frank, sincere

abofetear to slap (someone's) face

abogado lawyer, advocate

abrazar to embrace; **-se** to embrace (each other); **-se a** to clutch, cling to

abrazo embrace, hug

abrir to open; **-se** to be opened, unfold

absoluto absolute

absorber to absorb

abstracción abstraction

163

abstracto abstract

abstraído absorbed, absent-minded(ly)

absurdo absurd; *m.* absurdity

abundar to abound, be plentiful

acá here; **para** — this way

acabar to end, finish; — **por** to end up by; — **de** + *inf.* (*used in pres. & imp.*) to have just

acallar to quiet, hush, silence

acariciar to caress

acaso perhaps, perchance

accidente *m.* accident

acción action

accionar to gesticulate

acechar to lie in ambush for

acento accent, tone of voice

acentuar to accentuate, emphasize; **-se** to increase

acera sidewalk

acercar to bring closer; **-se** to approach, go over

acero steel

acertar (**ie**) (**a**) to succeed (in), to be right, guess right, hit (the mark); — **con** to hit upon; **tampoco acertamos a** nor are we capable of

acierto hitting the mark, skilfullness, knack

acoger to receive, welcome

acomodar to accommodate, arrange; **te -á** will get you settled; **-se** to settle down

acompañar to accompany, go with; **están -ando** have gone with

acongojado distressed, grieved, sorrowful

aconsejar to advise, counsel

acordarse (**ue**) **de** to remember, recall

acostarse (**ue**) to go to bed, retire

acostumbrado accustomed

acreditar to affirm, prove

actitud attitude

acto act

acuerdo agreement, consent; **de** — agreed, granted

acusar to acknowledge, accuse

adaptar to adapt, adjust

adecuado adequate, accurate, sound

adelantar to advance, move forward

además besides

adiós good-by

adivinar to divine, guess, become aware of

administrar to administer

admirablemente admirably, remarkably well

adonde, ¿adónde? ¿a dónde? where, where?

adquirir (**ie**) to acquire

advertencia warning, notice

advertir (**ie**) to notice

afectación affectation, air

afectado affected, moved, excited, stirred up

afecto fondness, cordiality

afectuoso cordial(ly), fond(ly)

aficionado (**a**) fond (of)

afligido distressed

agazaparse to crouch, hide

agitación agitation

agitadísimo deeply stirred

agitado agitated, showing great emotion

agotado exhausted, tired

agradable agreeable, pleasant

agradar to please; **me** (**te,** *etc.*) **agrada(n)** I (you, *etc.*) enjoy it (them)

agradecer to thank (for), be grateful (for)

agrio sour, unpleasant

aguantar to bear, endure

aguardando (**a**) waiting, expectantly

aguardar to (**a**) wait

¡ah! oh! ah!

ahí there; por — (somewhere) out there, that way

ahogadamente with suffocation, quietly

ahogar to choke, stifle, muffle

ahogo suffocation, oppressiveness

ahora now, presently; — mismo this very moment; hasta — see you in a moment, so long; desde — from this moment on

ahorrar to save, spare

aire *m.* air; look, expression; tomar (un poco) el — to enjoy or get (the, some) fresh air

aislado isolated, separate

ajedrez *m.* chess (table)

ajeno another's, someone else's, of other people

ajustar to adjust, settle (with)

ala wing

alargar to extend, hand over

alarmado alarmed

alborotado restive, excited; dishevelled

alcance *m.* reach; al — within reach

alcanzar to overtake, reach, attain

alcoba (bed-) room

alegrar to gladden; -se (de) to be glad (of)

alegre happy, joyful, merry

alegría joy, happiness, gaiety

algo something; somewhat

algodón *m.* cotton

alguien somebody, someone

alguno (algún) some, any, one or two; *pl.* some, a few

aliviar to alleviate, soothe

alma soul; heart

alrededor (de) around, around us

altavoz *m.* loudspeaker

alterar to disturb, stir, excite; -se to become angry (excited)

alto high, tall; ¡ — ! halt! stop! take it easy!

altura height

alucinación hallucination

alumno pupil

alzar to raise

allá there, yonder; vamos — let's go over

allí there

amar to love; -se to love each other

amargo bitter(ly)

amargura bitterness, sorrow; con — bitterly

amarillo yellow

ambiente *m.* atmosphere, environment

ambos both

amenazador threatening(ly)

amenazante threatening(ly)

amenazar to menace, threaten

amigo friendly; *m.* friend; -a *f.* friend

amigote pal

aminorar to lessen

amistad friendship

amistosamente in friendly fashion, in all friendliness

amonestar to admonish, warn

amor *m.* love

amoroso amorous, loving

amoscado irritated, peeved

amplio ample, large

andar to walk, go (about), go on, go ahead; — por to walk about; ¡anda! come! go (come) on!

angustia anguish, anxiety

angustiado anxious(ly), in anguish

anhelar to long for, crave, be eager (for, to)

anhelo eagerness, craving, yearning

animación animation; **con —** animatedly

animar to urge, encourage, cheer up; **-se** to cheer up

ánimo spirit, mind, courage; **levántenle el —** raise his spirits, cheer him up

anormal abnormal

anotar to annotate, jot down notes (on)

ansioso anxious(ly)

ante before, in the presence of, as a result of

anterior previous

antes before, sooner, first, earlier; **— (de) que** before

antiguo old, antique, former

anular to annul, frustrate, crush

año year; **tener . . . -s** to be . . . years old

apagar to extinguish, put out; to turn off; **-se** to die out, go out

apaleado beaten, drubbed, whipped

aparato (radio) set; **(— de) radio** radio set

aparecer to appear

aparente apparent

aparición appearance

aparte aside, separate, apart (from)

apasionadamente passionately

apenar to cause pain, hurt

apenas hardly, scarcely, barely, almost

apertura opening (*of a convention, assembly, etc.*)

aplicar to apply

apoyar to lean, rest, support

apreciar to appreciate, esteem, value

aprehensión apprehension, perception

aprender(se) to learn, master, become acquainted (familiar) with

aprensión apprehension, fear, scruple

apresurarse to hasten, hurry

apretar (ie) to press, clench; **-se contra** to cling to

aprisa quickly, fast

aprobado approved, motion carried

apropiado appropriate, proper

aproximarse to approach, draw near, be about to start

aquí here; **por —** here, around here

árbol *m.* tree

arder to burn

ardiente ardent, burning, passionate

ardoroso fiery, burning

arena sand

argucia sophistry, scheming

argumento argument

armonizar to harmonize

arranque *m.* fit (*of passion, etc.*); **en un —** impulsively

arrastrado dragged

arrebato rapture

arreciar to increase (in intensity), grow louder

arreglar to arrange, settle, fix; **todo se arregla (arreglará, -ía)** everything is (will, would turn out) all right

arrellanarse to make oneself comfortable, sit (settle) down comfortably

arrepentirse (ie) to repent, regret

arriba above (on), high; **desde — from up there**

arrodillado kneeling, on (my, his, *etc.*) knees

arrojar to throw

arrullar(se) to court, bill and coo

arrullo cooing

articular to articulate, enunciate

Ase Aase (Peer Gynt's mother)

asegurar to assure, declare

asentir (ie) to assent

asesinar to assassinate, murder

asesino murderer

así thus, so, (in) this (that) way, of that kind, such; **— y todo** in spite of this; **¿ — cómo?** what do you mean "this way"?; **— como** something like, sort of

asistir (a) to attend, witness, serve

asombro astonishment; **mudo de —** dumbfounded

aspecto aspect, appearance

asuntillo *dim. of* **asunto**

asunto matter, affair, business or problem (to be dealt with)

asustado frightened, with an expression of fear

asustar to frighten; **-se** to be(come) frightened

atender (ie) to attend, pay attention, listen

atento attentive, courteous

atraído attracted

atreverse (a) to dare, venture, try hard, be bold enough

aumentar to increase

aun, aún, even, still, yet

aunque although, even though, even if

auxiliar assistant

avanzar to advance, step forward

aventura adventure

avergonzado ashamed, embarrassed

avisar to inform, warn, tell; **¿por qué no avisaste?** why didn't you say you were here?

aviso warning, notice

¡ay! alas! oh! ah! ouch!

ayer yesterday

ayuda help, aid

ayudante assistant

ayudar to help, aid

B

¡bah! bah! pooh!

bajar to go (come) down; to lower, be dimmed

bajo low, base, bowed; under

balón *m.* (large) football; football (game)

bálsamo balsam, balm

baño bath

barandilla balustrade

bastante enough

bastar to be enough; **¡basta!** (it is) enough! that will do!

bastón *m.* cane

bata dressing-gown

batir to beat, strike, pound;

batiendo palmas clapping her hands

Beethoven *celebrated German composer (1770–1827)*

beneficiar to benefit

benevolencia kindliness

benévolo benevolent(ly)

besar to kiss

beso kiss

bien well, all right, quite, fine! good!; **está —** all right; **ya está —** that's enough now; *m.* benefit, good

Biología biology

bobo fool

boca mouth
bolsillo pocket
bondad goodness, kindness
borde *m.* edge, point
bordear to skirt, go around (the edge of)
borrar to erase, wipe out
brazo arm; **del —** by the arm, arm in arm
breve brief, short
brillar to shine, glitter
brindar to drink a toast, offer, treat (to), bestow upon
brisa breeze

broma joke, jest(ing)
bromista practical joker, "kidder"
bromear to joke, jest
brusco abrupt, sudden, rude
brusquedad rudeness; **con —** gruffly, abruptly
brutal primitive, animal
bruto boor, dunce
bueno (buen) good; fine, all right
burlón scoffing, mocking(ly)
buscar to seek, look (for), get, try to get, cause

C

cabalmente exactly
caballero gentleman; **— andante** knight errant
cabello(s) hair
caber to be contained in, fit; **no cabe duda** there is no doubt
cabeza head; **mala —** lack of judgment; **con la — baja** with his head hanging; **me duele (dolía) la —** I have (had) a headache
cacharro earthen pot
cada each, every; **— uno, — cual** each one
cadáver *m.* corpse, (dead) body
caer(se) to fall, fall down
cajetilla (little) box, package (of cigarettes)
calidad quality
calificar (de) to rate, judge, classify (as)
calmar to calm
calvario Calvary
callar(se) to be(come) quiet, shut up, remain silent; **¡calla!** don't, please!
calle *f.* street
cama bed

camaradería comradeship
cambiar (de) to change, exchange; **— de idea (parecer)** to change one's mind
cambio change; **en —** on the other hand
caminar to walk, travel, go
camino road
camisa shirt
campo field, country; **— de deportes** athletic field
candidez *f.* ingenuousness, naiveté
cansado tired, weary; bored
cansar to tire; **-se** to get fatigued, have a work out; **no se canse** don't waste your effort
cantina canteen, wine cellar, bar room
canto singing, chant, ode
capaz capable
capitán, -tana captain, (at) the head of the gang
capitular to capitulate, give in
cara face; **de —** a facing
caracterizar to characterize
¡caramba! doggone it! for crying out loud!

carcajada burst of laughter; **reír(se) a -s** to laugh boisterously, split one's side laughing

cárcel *f.* jail, prison, enclosure

carecer (de) to lack

cargado (de) laden, charged (with) ; — **con** carrying

cargo load, charge; **hacerse — de** to understand, bear in mind

caricia caress

cariño love, affection

cariñoso affectionate(ly), tender(ly), fond(ly)

carne *f.* meat, flesh; **de —** in the flesh

carrera career, profession, course (of studies)

cartera briefcase

casa house, home, establishment, institution, firm

casado married

casar(se) (con) to get married (to), marry, be married

casi almost

caso case, event; **en el — de que** supposing; **hacer —** to pay attention

causa cause; **a — de, por — de** because of

causar to cause

caviloso brooding, captious(ly)

ceguera blindness

cemento cement

cenicero ash-tray

censura censure

centro center; school: — **de enseñanza** educational institution

cerca (de) near

cerilla match (of wax)

cerrado closed, clenched

cerrar (ie) to close

cerveza beer; **hay —** the beer is on me

cesar to stop, cease

ciego blind; *m.* blind fellow (boy, man)

científico scientific

cierto certain, true, a certain

cigarrillo cigarette

cintura waist

citar to quote, mention; to make an appointment with

claridad light, clearness

claro clear, obvious, light, bright, straightforward, frank; — **(que)** of course; — **que sí** of course (it is)

clavar to nail, pierce

cobarde cowardly; *m.* coward

cobardía cowardice

cochino filthy, rotten; *m.* swine

coger to seize, catch, get a hold of, pick (up) ; **con las manos cogidas** holding hands; **cogiéndole una mano** taking a hold of her hand

cojo lame, crippled in the leg

colaborador collaborator

colaborar to cooperate

colectivo collective

colegio school

colgar (ue) to hang

colmo height, crowning (point)

colocar to place

combatir to fight

comentar to comment, make some remarks (about), discuss

comenzar (ie) to begin

comer to eat

cometer to commit

cómicamente comically

como as, like; **¿cómo?** how! how is that?

cómodo comfortable

compadecer to pity, sympathize with; **-se** to pity oneself, pity each other compadecido with profound commiseration

compañero companion, chum, mate

compañía company

compartir to share

compasión pity, sympathy

complacer to please, delight

complaciente pleasing, humoring, indulging

completo complete

complicación complication

complicado complicated

comprender to comprehend, understand, realize; ya lo comprendes you understand, you get the idea

comprensible understandable

comprometido engaged, tied up

compungido grief-stricken

común common

con with

concebir (i) to conceive

conceder to concede, grant

concluir to finish, come to an end

concretar to reduce to its simplest forms

concurso contest, match

condición condition, quality, state, nature, (dis)position

condolido full of compassion

conducir to lead

conectar to connect

confesar (ie) to confess

confesión confession

confiadamente confidently

confianza confidence

confiar to confide, trust, have confidence; -se a to confide in

confidencia confidence, secret, confidential information; hacer -s to confide in

conformarse (con) to resign oneself (to), be satisfied (with), agree (to)

confortar to comfort

congeniar to be congenial, get along well

congoja anguish, dismay

conmigo with me, to me, toward me; ven — come sit by my side

conmiserativo sympathetic, full of pity

conmovido moved, affected

conocer to know, be(come) acquainted (with)

conocimiento knowledge, acquaintance; hacer — to become acquainted

conquista conquest, convert

conseguir (i) to succeed (in), get, obtain, achieve

consejo advice

consentir (ie) to allow, permit

conserje doorman

consideración: por — a out of consideration for

considerar to consider

consigo (mismo) with himself, etc.

consistir (en) to consist

consolar (ue) to console, be helpful

constantemente constantly

construcción construction, structure, foundation

consultar to consult, ask for advice (about)

consumir to consume

contacto contact, touching

contagiar to infect

contagio contagion, infection

contar (ue) to count; to tell, relate; — con to count on, reckon with, expect

contemplar to contemplate, examine, view, gaze at

contener to contain, restrain, control

contento (de) happy (to), satisfied (with)

contestar to answer

contigo with you (*familiar*)

contiguo contiguous, adjoining

continuar to continue

continuamente continually

contra against

contraer to contract, draw back

contrastar to contrast

contraste *m.* contrast

convencer to convince

conveniencia desirability, advisability

conveniente desirable, suitable, wise, fitting

convenir (ie) to suit, be desirable, be wise

conversación conversation

convertir (ie) to change, transform

convulso convulsed

coqueta flirt

coquetería flirtation, coquetry, affectation

corazón *m.* heart; **(están enfermos) del —** (they are afflicted with) heart trouble

corbata necktie

cordial hearty, cordial, affectionate

cordialidad cordiality

corrección correctness, propriety, decorum

correr to run

cortado taken aback, embarrassed

cortar to cut, check, cut short

cortina curtain

corto short, shy(ly)

cosa thing; **otra —** anything (something) else

creación creation

crear to create

creciente growing, increasing

creer to believe, think (so); **creo que sí; ya lo creo** I should say so; **-se** to think oneself to be, consider oneself

crimen *m.* crime; **— pasional** crime passionel (*crime inspired by love*)

crispar to clench, twitch, contract, "get on someone's nerves"

cristal *m.* crystal, glass; *pl.* window, window panes, panes of glass

cristalera pane of glass

cristo Christ

cruzar to cross

cuajado de laden with, covered with

cual *see* **cada; cuál** which (one), what (one)

cualquier, -a any, some; anyone, anybody, any at all

cuando when, on the occasion of; **cuándo** when

cuanto as much (as), all that, all the; **en —** as soon as; **en — a** as for, in regard to; **cuánto** how much; *pl.* how many

cuarto room; *see note* 24, p. 3

cubierto *p.p. of* **cubrir**

cubrir to cover

cuchichear to whisper

cuello collar; neck

cuenta account; **darse — (de)** to realize, notice

cuento story, tale

cuero hide, leather

cuerpo body

cuestión problem, matter, argument

culpa fault, guilt, blame; **por mi** (**tu,** *etc.*) — because of me (you, *etc.*)

culpable guilty, responsible; **el** — (the one) to blame, responsible

cumplir to fulfill, complete; **-la** to carry out its purpose

curar to cure, heal, take care (of)

curioso curious(ly), inquisitive(ly)

curso course, direction, course of study; **primer** — freshman class

cuyo whose

Ch

chaflán *m.* chamfer, diagonal (cater-cornered) arrangement

chaqueta coat

charla chat, conversation, chatter, talk

charlar to chat

chico small, tiny; *m.* boy, lad, my lad (boy); **-a** *f.* girl; *pl. n.* kids, youngsters, children

chiste *m.* joke

D

dama lady

daño harm; **hacer** — to hurt

dar to give, strike, hit; — **a** to face, open on; — **unos pasos** to take a few steps; — **en** to strike, shine; **dieron las 10 y media** it struck half past 10; **¿qué más da?** what difference does it make?

de of, from, as, by, with, since; **del = de + el**

debajo, por — (**de**) beneath, underneath

deber to owe, ought, must; — **de** must (*conjecture*)

débil weak

debilidad weakness, failing

decidido determined, resolute, unhesitating(ly)

decidirse to decide, make up one's mind

decir to say, tell; **diga, dime** tell me (us), go ahead; **se dice** one says, we (should) say; **¿cómo diría yo?** how should I put it?; **ya te lo diré** you will hear from me about it

decisión determination, decision, decisiveness

declararse to propose

defender (**ie**) to defend

definitivo definitive, definite

defraudado cheated

dejar to leave, let, allow (for), leave (let) alone, let go (of), give up, put; **dejemos eso** let's "skip" that, never mind that; **-se de** to cut out; — **de + inf.** to fail to, stop

delatar to denounce, accuse, give away

delgaducho (*dim. of* **delgado**) thinnish, skinny

demás: los — the others, the remaining, the rest (of), the other people; **lo** — the rest (remainder); **por lo** — besides, furthermore, anyway

demasiado too, too much, exceedingly

demostrar (**ue**) to demonstrate, show, prove

demudado altered, changed (in color), pale

de.itro (de) inside (of), within;
por — inside, inwardly; por
ahí — around the dormitory
deporte *m.* sport; hacer — en-
gage in sports
derecho right; straight; la -a
right side, right hand; a la
-a, por la -a on the right
derramar to shed, pour out,
lavish
derribar to knock down
derrumbarse to sink down,
throw oneself
desabrochado unbuttoned
desagradable disagreeable, unpleasant
desagrado displeasure
desahogarse to unburden oneself, "get it off one's chest"
desalentar (ie) to discourage,
undermine the spirit (of)
desaliento discouragement, despair
desaliño untidiness
desánimo discouragement, lack
of confidence
desaparecer to disappear
desazón *f.* insipidity, distaste,
uneasiness
descansar to rest, relax; — en
to be solaced by, confide in
descaradamente impudently,
petulantly
descenso descent, sliding down
desconcertado confused, offended
desconcertante disconcerting,
baffling
desconcertar (ie) to disconcert,
surprise
desconfianza distrust, suspicion
desconocer not to know, be ignorant (of), be unacquainted
(with)
descorrido pulled back, drawn
to one side

descripción description
descubrimiento discovery
descubrir to discover, uncover
descuidar not to worry, neglect
desde from, since
desdeñar to disdain, scorn
desdichado unfortunate,
wretched; *m.* poor fellow
desear to desire, wish
desembocar (en) to flow
(into), turn (into)
desembuchar to disgorge, "spit
it out"
deseo desire, wish; buen(os)
(-s) good intention(s)
desertar to desert
desesperación despondency,
despair
desesperado desperate(ly)
desesperanza desperation
desfilar to file by; van -ando
gradually file by
desgana indifference, lack of
appetite; con — reluctantly,
indifferently
desgracia misfortune, unfortunate incident; por — unfor-
tunately
desgraciado unfortunate,
wretched
desgranar to shell; — en el
ambiente to fill the air with
deslizar (por) to slip (around);
-se (por) to slip, slide (down)
desmoralizar to demoralize
despacio slowly
despacho office, study
despectivo contemptuous(ly)
despedir (i) to dismiss; -se
(de) to say good-by (to), take
leave (of)
despegado disagreeable, harsh-
(ly)
despejarse to clear (one's head)
up

despertar (ie) to wake up; *m.* awakening

despojarse de to strip oneself of, pull off

despreciar to look down on, have contempt for

desprecio contempt, scorn, disdain

desprender to unfasten; -se (de) to separate, pull away (from)

desprovisto unprovided, lacking

después after(ward), later, then; — de after

destreza dexterity, skill

destrozar to shatter, destroy

destructor destructive

destruir to destroy

desvanecido fainted

detalle *m.* detail

detener to stop, detain, hold back; -se to stop, pause

detenido careful, thorough

detrás (de) behind, back (of); por — from behind

devolver (ue) to return

día *m.* day; al — siguiente the next day; (en) todo el — all day long; buenos -s good day, good morning, good-by

diablo devil

dichoso happy

diferencia difference

difícil difficulty

deficultad difficulty

digno worthy

dime *from* decir

Dios God

diré *from* decir

dirección direction

dirigir to direct, manage; -se (a) to go (to, toward), address, turn (to)

discordante discordant, shrill

discreción discretion, prudence

disculpar to excuse

discutir to discuss

disfrazar to disguise

disgustar to displease, annoy

disgusto displeasure, trouble, annoyance, irritation, disappointment; llevarse un (grandísimo) — to be (very) disappointed

disminuir to diminish

disolverse (ue) to dissolve, break up, disappear

dispensar to excuse, pardon

disponer to dispose, arrange, command; no — otra cosa to have no objection

disposición disposition, arrangement, inclination, instruction

dispuesto disposed, ready

disputa dispute

distancia distance; a — at a distance

distinguir to distinguish

distinto different

distracción distraction, absent-mindedness, entertainment, amusement

distraer to distract

distraído absent-minded(ly)

disuadir to dissuade

diverso different

divertido funny, amusing

divisar to see, perceive, make out

doblar to double, fold, make a bend; -se to sink, drop

doble double

doce: las — 12 o'clock

doler (ue) to hurt, pain, grieve, ache

dolor *m.* pain, grief, sorrow

dolorosamente sorrowfully

dominar to dominate, control, master

don *m.* gift; *title used before m. given name*

donde where; **por — the** way: **¿dónde?** where?; **¿por — ?** which way?

doña *title used before f. given name*

dormido asleep; *:n.* person asleep

dormir (ue) to sleep

dormitorio (bed-) room, dormitory

dos: los (las) **— both**

duda doubt; **sin —** doubtless, undoubtedly

dudar to doubt, hesitate

dulce sweet, soft, gentle, gently

dulzura sweetness, gentleness, tenderness; **con —** sweetly, gently, tenderly

durante during

duro hard, harsh(ly); *(with* **cuello)** starched

E

e and

echar to throw (out), hurl, pour, expel; **-se** to throw oneself; **-se novia** to get oneself a sweetheart

edad age

edificio building

efecto effect

egoísmo selfishness

egoísta egoist, selfish person

¿eh? eh? how about it? is it? does he? etc.

ejemplo example; **por —** for example

elegante elegant

elemental elementary

emanar to emanate

emoción emotion

emocionado aroused, emotional-(ly)

empeñarse (en) to insist (on), persist (in)

empezar (ie) to begin

empleado employee, low-salaried man

emplear to employ, use

empleo position

empujar to push

emulación emulation, rivalry

en in, at, to, about

enamorado (de) in love (with)

enardecido fired by zeal, impassioned

encaminarse to make one's way, go

encantado charmed, delighted, pleased to meet you

encantar to charm, delight

encanto charm

encargo commission, order, request

encender (ie) to light, turn (switch) on *(radio, light, etc.)*

encima (de) on, upon; **por — de todo** above everything, first of all

encontrar (ue) to find, encounter, meet; **-se** to find oneself, be, collide

encuentro encounter, meeting

enemigo enemy

energía energy

enérgico energetic

enfadarse to be(come) angry

enfermo (de) sick, ill, ailing, suffering (with, from)

enfrentarse con to face

engañar to deceive, cheat

engaño deceit, fraud, humbug

engarfiar las manos to clench one's fists

englobar to encompass, embrace

enlace *m.* bond

enlazar to join, bind; **-se** to lock arms; **-zados** their arms round each other; *see* **talle**

enloquecer to madden, infuriate; to lose one's mind

enmascarar to mask, disguise

enorme enormous, huge

ensayar to rehearse, practice

enseñanza teaching, education

enseñar to show; to teach

ensimismado absorbed (in thought)

entender (ie) to understand; **-se** to understand each other-('s point of view)

entendido: mal — misunderstood, mistaken

enterar to inform; **-se de** to find out, learn (of)

entero entire, whole; **por** — entirely, completely

entonación intonation, stress

entonces then, at that time

entrada entrance

entrar to come in, go in; — **en** to come (go) into

entre between, among, amid; — . . . **y** both . . . and, half . . . half

entrenarse to train, practice

entretanto meanwhile, in the meantime

envejecido aged, grown old

envenenar to poison

enviar to send

época period (of time); **la** — **en que** the days when

escalera stair, stairway

escalón *m.* step

escalpelo scalpel

escandaloso shocking, shameful

escena scene, stage

escenario stage

escucha scout, sentry; **en** — straining to listen

escuchar to listen

esencial essential

esfuerzo effort

eso that, that's right; **por** — **(mismo)** for that (very) reason, that (precisely) is why, on that (very) account

espadín *m.* small sword, rapier (*dim. of* **espada)**

espalda back, shoulder; **de -s a** with our backs to, disdaining

espantoso frightful

especial special

espectáculo spectacle

espectador spectator

esperanza hope

esperar to wait, wait for, expect, hope (for)

espiar to watch

espíritu *m.* spirit, mind, heart

espléndido splendid, fine

esplendor *m.* splendor

esposa wife

esposo husband

esqueleto skeleton

esquina corner

estallar to burst out, explode

estantería shelves

éste (ésta) the latter

estar to be; **está bien** all right; **ya está bien** that's enough now; **se está bien** one is comfortable, it's enjoyable

estera (-illa) (little) mat

estérilmente uselessly

estimar to respect, value

estrechar to clasp, shake

estrella star

estrellado starry

estremecerse (de) to shake, quiver, tremble (with), be startled

estremecimiento shudder, shiver

estrenar to perform (put on) for the first time

estudiante student

estudiar to study

estudio study

estupefacto stupefied, speechless

estúpido stupid

eterno eternal

evitar to avoid, prevent, restrain

exacto exact(ly)

exagerar to exaggerate

exaltación exaltation; de — emotional, agitated

exaltado excited(ly)

excepción exception

exclamar to exclaim

existencia existence

existir to exist

expansivo expansive(ly), heartily

expectación expectation (*all show curiosity as to what M. will say*)

experiencia experience

explicación explanation

explicar to explain

expresión expression

expresivo expressive

extáticamente ecstatically, rapturously

extender (ie) to extend

extraer to extract, pull out

extrañar to surprise, cause wonder

extraño strange

extraordinario extraordinary, extreme

F

fácil easy

facilidad facility; con — easily

falso false, incorrect

falta lack, need; mistake; a — de for lack of; hacer — to need, want, be needed; no te hará — you won't need it; le hace — you need to (need it)

faltar to lack, be lacking (missing); falta poco para it is almost

familia family

famoso famous

fastidiado annoyed, bored

favor m.: por — please

faz f. face

fe f. faith

felicidad happiness

feliz happy

femenino feminine

feo ugly

feroz savage(ly)

ficha chessman

fijamente fixedly, firmly

fin m. end, purpose, goal; en — in short, finally, well; al — finally

fingir to pretend, feign

Física Physics

físico physical; m. physique, appearance

flaqueza weakness

flojo weak(ly), lax(ly), careless(ly), loose(ly)

flor f. flower

flúido current

follaje m. foliage, leafage

fondo depth, bottom, background; al — in the background; a — thoroughly, fully; en el — at heart, fundamentally, in character

forma form, manner, way

formalidad propriety

formar to form, constitute

formidable formidable, dreadful, tremendous

foro back of stage

forzar (ue) to force, compel

forzosamente necessarily

fracasar to fail

fracaso failure

fragmento fragment, piece, part

frase *f.* phrase, sentence

frecuencia frequency; **con —** frequently

frente *f.* forehead; *m.* front; **— a** in front of, before; **— común** united front

frío cold(ly); **tener —** to be cold

frondoso luxuriant, leafy

fuego fire

fuera (de) outside, out; **ahí —** outside (the school)

fuerte strong, robust, firm, steadfast

fuerza force, strength, power

fugaz brief, fleeting

fumadero smoking room

fumar to smoke

fundar to found

furia fury

furioso furious(ly), in a rage

G

gafas *pl.* spectacles, glasses

galería gallery, porch

gana desire; **tener -s de** to feel like, yearn to; **tenía unas -s de** I was so anxious to; **no me da la —** I don't feel like

ganar to gain, win, earn

generosidad generosity

genial brilliant, inspired

gente(s) *f.* (*pl.*) people

gesto gesture, movement

golpe *m.* blow, slam; **— sordo** dull thud; **de —** with a slam, suddenly, impulsively

golpear to beat

gozar (de) to enjoy; **-se en** to take delight, revel (in)

gozoso joyful, pleasant

gracias thanks

gracioso charming, "cute"; *m.* wit, "smart alec"

grande (gran) great, big, large

grandísimo very big (great, large)

grave grave(ly), serious(ly)

gravitar to gravitate, press

Grieg, Edward *Norwegian composer (1843-1907)*

gris gray

gritar to shout, cry out, shriek

grito scream, cry, exclamation

grupo group

guardar(se) to keep, put away, save

guerra war, conflict, trouble

gustar to please; **me gustas** I like you; **cuando (Vd.) guste** whenever you like (wish)

gusto pleasure; taste; **a tu —** have it your way, suit yourself; **con mucho —** gladly

H

haber to have (*aux.*); to be (*impers.*); **— de + *inf.*** to be to, have to, should; **hay** there is (are); **ha habido** there has (have) been; **había, hubo** there was (were); **hay (había) que** it is (was) necessary to

habitación room
hacer to make, do, cause; to pretend, feign; **hace (hacía,** *etc.*) + *period of time* ago, for; **no (te) hagas el muerto (tonto)** don't pretend you're dead (play the fool); **estar hecho para** to be meant for
hacia toward, in tne direction of, to
hada fairy
hallazgo finding, discovery
hambre *f.* hunger; **morir(se) de —** to starve to death
hambriento (de) hungry, starved (for)
harto (de) fed up (with)
hay(a) *from* **haber**
hasta until, as far as, even
hecho deed, fact; *p. p. of* **hacer**
herido wounded
hermano brother
hermoso beautiful
hijita my dear girl
hijitos my dear boys and girls
hijo son; my dear boy
hipócrita hypocritical

hipótesis *f.* hypothesis, possibility
historia story, history
hoja leaf
hola hello
hombre man; man alive, my boy, well
hombro shoulder
hora hour, time; **¿qué — es?** what time is it?; **ya es (era) —** it is (was) about time; **a estas -s** at this time (of night)
horrorizar to horrify
horroroso horrible, horrifying
hoy today
hueco hollow, opening, empty space
hueso bone; **muchacha de carne y —** flesh-and-blood girl
huída flight; **— en masa** mass escape
húmedo humid, damp
humilde humble
humorístico facetiously
hundirse to sink, collapse

I

identificación identification
identificar to identify; **van -ando** they identify one after another
idiota idiot
ignorar not to know, be ignorant of
igual equal, alike, the same; **— que (siempre)** the same as (usual); **es —** (it) is all the same, makes no difference
iluminarse to light up, be lighted
ilusión illusion
iluso deluded (fellow)
ilusorio illusory

imaginar(se) to imagine
imán *m.* magnet, charm
imbécil imbecile
imitar to imitate
impaciencia impatience
impaciente impatient(ly)
impasible indifferent
ímpetu *m.* impetus, impetuosity; **con —** impulsively, impetuously
importancia importance; **no tiene —** it wasn't anything; don't mention it
importante important
importar to matter, be important; **no te importe** let it not

concern you, don't worry about it; **¿qué te importan a ti . . . ?** what do . . . matter to you? a lot you care about . . .!; **¿qué le importaba . . . ?** what did he care about . . . ?

importuno importunate, irritating

imposible impossible

impotencia impotence, helplessness

impregnar to impregnate, saturate

impresión impression

impulsivo impulsive(ly)

impulso impulse

inaguantable unbearable

incidencia incident, (important) point

incidente *m.* incident

inclinar to incline, bend, bow; **-se** to bend down

incluído included

incluso including, inclusive(ly)

inconcebible inconceivable

inconsciente unconscious

inconveniente *m.* objection

incorporarse to sit up, straighten up, get up

incurrir en to incur, be guilty of

indeciso hesitating(ly), hesitant, unsure of oneself

indefinible undefinable

indeseable unwelcome

indicación indication, hint, suggestion

indicado; es más — que yo I had better

indiferencia indifference

indiferente indifferent(ly)

indudable indubitable, true

inefable ineffable

infantil childish, childhood

infierno inferno, hell

infinito infinite

influencia influence

información information; report

informar to inform

infundir to infuse, arouse (in), imbue (with)

iniciar to initiate, begin

inmediatamente immediately

inmóvil motionless

inmovilizarse to remain motionless, halt, stop

inmutarse to be(come) agitated, disturbed, nervous

innecesario unnecessary

inolvidable unforgetable

inquietar to distress, make uneasy

inquieto uneasy, uneasily

inquietud uneasiness, anxiety

inseguro insecure, unsteady

insincero insincere

insinuante insinuating(ly), ingratiating(ly)

insinuar to insinuate, suggest; to hint, ingratiate oneself

insistente insistent, insisting

instintivo instinctive

instinto instinct

institución institution

inteligente intelligent

intención intention

intentar to try, attempt, make a start

interés *m.* interest, consideration

interesante interesting

interesar to interest, concern

interior inside, inner, inward; *m.* inside

interpelar to appeal, shout (to attract attention)

interpretar to interpret; **— mal** to misinterpret

interrumpir to interrupt

intervenir to intervene, break in

intimidad intimacy; **en la —** intimately, privately

íntimo intimate

intranquilo restless

intrigar to intrigue

inútil useless

invadir to invade, seize

invidente (*coined word*) sightless; *m.* sightless individual

invitar to invite, ask

invocar el testimonio . . . to call . . . to witness

involuntario involuntary, sudden

ir to go; **¿cómo te va?** how goes it? (*see* **qué**); **¿vamos?** shall we go?; **¡vamos!** come!

come on!; **vamos a + *inf.*** let's; **¡vaya!** well! fine! why: **-se** to leave, be off; **vámonos** let's go, let's be (take) off; **vete** go, you get going and good riddance

ira rage, anger, ire

ironía irony, ironical remark; **con —** ironically

irónico ironical(ly)

irremediable hopeless, unbearable

irreparable hopeless; **de algo —** that something terrible happened

irrumpir to rush in

izquierdo left; **la -a** the left side, the left hand; **por la -a** on the left

J

ja, ja, ja *indicates laughter*

jocosamente jokingly

joven young; *m.* youth, young man; *f.* young woman; *pl.* young people

jovencito quite young

juego game, sport, set

jugar (ue) to play (games); **— al balón** to play football

juguetear to toy, play

juicio judgment, mind

junto a close to, next to, beside

juntos together

jurar to swear

L

labor *f.* work, contribution

lado side; **al — (de)** right close, next (to you, him, *etc.*), by (your, his, *etc.*) side; **a su —** beside him (her, *etc.*)

lágrima tear

lamentable lamentable, deplorable, terrible; **-mente** gloomily

lamentar to lament, regret

lánguidamente languidly, weakly

lanzar to throw; to utter, put

forth; **-se** to rush forth, snap (into it)

largo long; **¡ — !** be gone! "beat it!"

lástima pity, what a pity; **me causaba —** I felt pity; **me das (da, *etc.*) —** I am sorry for you (him, *etc.*)

lateral *m.* side or wing (of stage)

leal loyal, honest, sincere

lección lesson

lejanísimo very distant

lejano distant
lejos far
lengua tongue, language
lento slow(ly)
levantar to lift, raise, pick up; -se to rise, get up
levemente lightly, slightly
librar to free; -se to be freed, be relieved, be rid
libro book
ligereza lightness, speed; frivolity, levity; **con —** hurriedly, carelessly
ligero light, slight, swift
limitar to limit
limosnear to beg (for alms)
limpio clean; free; good-natured (laughter)
lindo pretty, beautiful
línea line
listo ready, prompt, smart, clever, quick

literatura literature
liviano light, slight, trifling
lívido livid
loco mad, insane, wild; *m.* madman, lunatic
locura madness
lograr to succeed in, obtain
lozanía luxuriance, freshness, exuberance, sprightliness
lucir to shine
lucha fight, struggle
luchar to fight, struggle
luego soon, later, then; **desde —** at once, of course, to be sure, by all means; **hasta —** see you later, so long
lugar *m.* place; **en — de** instead of; **tener —** to take place
luna moon
luz *f.* light; **— central** main light(s)

Ll

llamada call, shout, cry
llamar to call; -se to be named, called; **que se llama** whose name is
llanto weeping, tears
llegar (a) to arrive, reach, get (*to a place*), approach, succeed in
llenar to fill
lleno full

llevar to take (away), bear, have, wear, lead, carry (away); **— mucho tiempo** to be a long time; **dejarse — de** to give way to; -se to carry off, take along; -se un disgusto to be disappointed
llorar to weep
lloronamente tearfully
lloroso tearful(ly)

M

maestro teacher; master
magnético magnetic
magnífico magnificent, splendid
mal badly, wrong; **menos —** it's (that's) something, thank Heaven it isn't worse; **harás —** you will be foolish; *m.* evil; *see* **malo**

maldad wickedness, evil
malicia malice
malicioso malicious(ly)
maligno malignant
malo (mal) bad, poor, wicked, evil; **lo —** the bad thing (part); *see* **mal** *following* **magnífico**

malogrado ruined

manco armless, maimed

mandar to order, give orders; to send; to have (*something done*)

manera manner, way, means, opportunity

manga sleeve

mano *f.* hand; **con las -s cogidas** holding hands; **dar la —** to shake hands

mantener to maintain, keep

mañana tomorrow; **hasta —** see you tomorrow, good-by; **por la —** in the morning

maravilla wonder

maravilloso marvelous, wonderful

marcar to mark, stamp, beat (time)

marcha march, departure; **iniciar la —** to start walking; **disminuye la —** he slows his pace

marchar to walk, go (away), leave; **-se** to go (away), leave

martirizado martyrized

mas but

más more, most; **no ... — que** only

masa mass

mascota mascot

matar to kill

matrimonio marriage

mayor greater, greatest; larger, largest

mayoría majority

médico doctor

medida measure; **a — que** (according) as

medio half; *m.* middle, means; **en —** in the middle; **por en —** in the way; **a — (resolver)** half (solved)

mejor better, best; **lo —** the best thing (to do)

melancolía gloom, dejection

melancólico gloomy, gloomily

melodía melody

menor least, slightest; lesser; younger, youngest

menos less, least, except, especially; **al —** at least; **— mal** *see* **mal**

mentir (ie) to lie

mentira lie, falsehood; **es —** it's not true

merecer to deserve, merit

mérito merit

mesa table

meter to place, put (into); **-se** to get (into); **-se con** to meddle (quarrel) with, "pick on"

mezquino niggardly, stingy, economical

miedo fear; **tener —** to be afraid; **dar —** to scare; **te (le,** *etc.*) **dió —** you (he, *etc.*) were (got) scared

mientras while

milagro miracle

mimar to caress, pet, spoil (*a child*)

mimo caressing, pampering, indulgence

minuto minute; **con los -s contados** barely in time

mirada glance, gaze, stare

mirar to look (at); **— por** to look after, look out for

miseria misery, shortcoming

mismo same; self, very; **sí -(s)** himself (themselves); **yo —** I myself; **lo —** the same thing, the same way, just the same, alike

misterioso mysterious

misticismo mysticism

mitad half, middle

modelo model

moderarse to control oneself, restrain oneself
moderno modern
modesto modest
modismo idiom
modo way, manner, means; **de un (ese) —** in a (that) way (fashion); **de ningún —** by no (any) means, absolutely; **de todos -s** at any rate, anyway; **¿de qué — ?** how?
molestarse to bother, go to the trouble; **que no se moleste por mí** let him not (he doesn't have to) bother on my account
molestia irritation
molesto annoyed, irritated, annoying
momentáneo momentary, brief, temporary
momento moment; **un —** just (only) a moment; **a cada — más** more and more every moment
monótono monotonous
moral *f.* morality, morale
morir(se) (ue) to die
mostrar (ue) to show

motivo motive, reason
mover(se) (ue) to move, stir
movimiento movement, motion, impulse (to retort)
muchacha girl
muchacho boy, young man; **-s** boys, boys and girls, kids
mucho much, a good deal, great; *pl.* many
mudo mute, silent; **— de asombro** dumbfounded
muerte *f.* death
muerto dead; *m.* dead person, deceased; **no te hagas el —** don't pretend you're dead
mujer woman; wife
múltiple multiple; **-s** many
mundo world; **todo el —** everybody
muñeca wrist; doll
muralla wall
murmullo murmur, indistinct voice
murmurar to mutter, whisper; to gossip, speak ill
música music
mustio sad, depressed
mutilación mutilation
muy very

N

nacimiento birth
nada nothing; anything; (not) at all; **— de eso** nothing of the sort; **— más** that's all
necesario necessary
necesidad need
necesitar to need
negar (ie) to deny; **se nos ha negado** we have been denied; **-se a** to refuse
negativo negative
negocio business; **hacer mal —** to strike a bad bargain

negro black
nervio nerve; **enfermos de los -s** afflicted with nervous disease
nervioso nervous(ly)
ni neither, nor; either; not (nor) . . . either, not even
ninguno (ningún) no, not any; any
niña little girl, child
niñera nurse-girl
¿no? don't I? doesn't he? *etc.*

noche *f.* night, evening; **esta** — tonight; **buenas** -**s** good night (evening); **de** — at night
nombre *m.* name
normalidad normality
nota note, sound, bar (of music)

notar to notice
novedad novelty, new experience, innovation, news
novia sweetheart
nuevamente again
nuevo new; **de** — again
nulo null, void, worthless
nunca never; ever

O

o or, either
objeto object
obligar to oblige, force
obra work; play (*of the theatre*)
observación observation
observar to observe
obstáculo obstacle
obstante: no — notwithstanding, nevertheless, however
obstinarse to be obstinate, persist
ocasión occasion
ocultar to hide, conceal
ocupar to occupy, fill
ocurrir to happen, occur, be wrong; -**írsele a uno** to occur to one; **se me ocurre una cosa** I've got an idea
odiar to hate
odioso hateful
odio hatred
ofender to offend; -**se** to be (feel) offended
ofrecer to offer
oído ear
oír to hear, listen (to); **no se**

oye nada you can't hear anything
ojalá I wish (hope), would that
ojo eye
oler (ue) to smell; — **bien** to be fragrant
olvidar to forget; **se me (te,** *etc.*) **olvidaba** I (you, *etc.*) forgot
once: las — 11 o'clock
opinar to think, be of the opinion
opinión opinion
oprimir to (op)press, push; -**se las manos** to wring one's hands
optimismo optimism
orden *m.* arrangement; *f* order (command), request
orgullo pride; **con** — proudly
orientarse to find one's bearings
oscuridad darkness
oscuro dark
otoño fall, autumn
otro other, another

P

paciencia patience; *see note* 18, *p.* 102
pacífico peaceful
padecer to suffer
padre father; *pl.* parents

página page
pájaro bird
palabra word
palabrería empty talk
pálido (de) pale (with)

palma palm; **batir -s** to clap hands, applaud

palmada blow with the palm of the hand; **dar una — (en)** to slap, tap, pat

palo stick

palpar to feel (of), touch

palpitar to throb, quiver

paño cloth; **hacerte mi — de lágrimas** to weep on your shoulder

pañuelo handkerchief

papel *m.* paper; part, role

paquete *m.* package

para for, to, in order to; **— que** in order that; **¿ — qué?** why? what for?

paralítico paralyzed, paralytic

paralizado paralyzed

paraninfo assembly hall

parar(se) to stop

parcialmente partly

parecer to seem, appear, resemble; **-le a uno** to think best, approve; **¿no te (le) parece?** don't you think so?; **¿qué le parece (te ha parecido)?** what do you think? what is your opinion (of)?; *m.* opinion; **al —** apparently

parodia parody

parte *f.* part; **por otra —** on the other hand, for that matter, besides; **por mi (tu,** *etc.***) —** on my (your, *etc.*) part (side), as far as I (you, *etc.*) am concerned

particular private, strange; **¿qué tiene de — ?** what's strange about it?

partida game, match; departure

pasajero passing

pasar to pass, go through, take across; to happen, go wrong; to spend (time); **¿qué (te,** le) pasa? what's the matter (with you)?; **— de** to go beyond; **-lo bien** to enjoy oneself; *see* **ridículo**

pasear(se) to walk (about), take a walk, pace up and down, walk away, calm *or* distract by walking

pasión passion

pasivo passive(ly)

paso step; **de —** in passing, incidentally; **dar (unos) -s** to take (a few) steps

patinaje *m.* skating

patinar to skate

pausa pause

paz *f.* peace, peace of mind; **— interior** inward peace, peace of mind

pecho chest, bosom, breast; heart

pedagogía pedagogy

pedagógico pedagogical

pedazo piece; **a -s** by (in) pieces

pedir (i) to ask, ask for

Peer Gynt *Play by Henrick Ibsen, Norwegian dramatist (1828–1906) for which Grieg composed some of his best known music*

pegar to beat, hit, give (a blow)

peinar to comb

peligro danger

peligroso dangerous

pellizcar to pinch

pena grief, sorrow, trouble, mortification; **me das —** I am sorry for you; **guárdate tu —** save your sorrow for someone else; **es una —** it is terrifying

penoso painful, distressing, embarrassing

pensamiento thought
pensar (ie) to think, intend; —
  en to think of (about)
peña rock; group, club; **con mi**
  — to my friends (club)
peor worse, worst
pequeño little, small, slight,
  petty
percibir to perceive, detect,
  become aware of
perder (ie) to lose; **-se** to be
  lost, be ruined
perdonar to pardon, excuse,
  forgive; **-ado** your apology is
  accepted, that's all right
perfectamente perfectly
periodismo journalism
peripecia (tense) situation or
  incident, vicissitude; *pl.* ups
  and downs
permanecer to remain
permanencia stay(ing), remaining
permitir to permit, allow
pero but
perro dog
perseguir (i) to pursue, run
  after
persona person; *pl.* people
personaje *m.* character, person-
  age
personalmente personally
persuadir to persuade
pesadilla nightmare
pesar to weigh (upon), cause
  regret or sorrow; *m.* sorrow,
  grief; **a — de** in spite of; **a**
  su — in spite of himself
pesimismo pessimism
peso weight, burden
pie *m.* foot; **en —**, **de —** standing; **tenerse en —** to stand
  (firmly) on one's feet, stand
  up
piedad piety, mercy, pity

pierna leg
pieza piece, chessman
pijama *m.* pajamas
pisotón *m.* act of stepping (on
  someone else's foot)
pizca bit, jot, iota
placer to please; *m.* pleasure
plácidamente placidly, calmly
plazo (period of) time
plenitud plenitude, fullness
pluma pen
pobre poor
pobrecillo, -a poor little thing
pobrecito, -a poor thing, poor
  dear, poor child
poco little; *pl.* few; **a —** soon,
  presently; **— a —** little by
  little
poder (ue) to be able, can; **no**
  puede más (he, she) cannot
  stand it any longer; **puede**
  que perhaps, it may be; *m.*
  power, possession
poner to put, place; **— en to**
  give; **-se** to become; **-se a**
  to begin to
poquitín *m.* little bit, tiny bit
por for, by, about, with,
  through, across, because of,
  for the sake of, down, from
porque because; **¿por qué?**
  why?
portalada (large) door
portarse behave, act; **— bien**
  to make a good showing
poseer to possess
posible possible
posición position
práctica practice
práctico practical
precaución: con — cautiously
precipitado hurried, hasty, abrupt
precipitar to throw (headlong),
  hurl

precisamente precisely, exactly, right this minute, it just happens that

preciso: es — it is necessary

predilecto favorite

preferible preferable

preferir (ie) to prefer

pregunta question

preguntar to ask, inquire, question

prejuicio prejudice

prematuramente prematurely

prenda garment; token, gift

preocupación preoccupation, worry, trouble, concern

preocupado (en, por) preoccupied, worried, absorbed in thought (about)

preocuparse to worry

preparado prepared, ready, in store

preparatorio *see note, p. 23*

presa victim, prey; **ha hecho — en ti** has you in his clutches

prescindir de to dispense with; **prescindamos de ella** let's leave her out of this

presencia presence

presentar to introduce

presente: allí -s there

presentir (ie) to have a presentiment (forboding, premonition) of

prestigio prestige

presumido conceited (fellow)

presunción presumption, assumption

pretender to seek, aspire, wish (to achieve)

previsto foreseen

primitivo primitive, original

prisa hurry; **de —** fast, quickly, in a hurry

probablemente probably

probar (ue) to try, prove

problema *m.* problem

procurar to try, attempt, procure

producir to produce

profesor teacher, professor

profesorado faculty

profundo deep, profound

programa *m.* plan, program

prohibir to prohibit, forbid

prolongado prolonged

prometer to promise

pronto soon, prompt(ly), early; **hasta —** see you soon, so long; **de —** suddenly; **por lo —** for the time being, as a start

pronunciar to pronounce, utter

propio proper; own (of my [your, *etc.*] own)

proponer to propose; **-se** to intend, be after

propósito purpose, intention

proscenio proscenium (front of the stage)

proseguir (i) to continue, go on (with), pursue

protector patronizing(ly); *m.* protector

provocar to provoke, arouse

prueba proof, test

pueril puerile

puerta door

pues well, well then; **— bien** well then

puesto place, job, position

pulcramente beautifully, neatly, tidily

punto point; **a — de** about to, on the point of

puño fist; handle

puro pure, mere, sheer

Q

que that, who, which; than; for, since; **a —** in order that (to), for . . . to

qué what, what a; how; **¿para — ?** why? what for?; **¿ — tal?** how (. . .)? what sort of . . .? how are you? how have you been?; **¿ — tal te ha ido?** how did you get along? how were things with you?

quedar to remain, stay, be, be left; **-le a uno** to have . . . left; **-se** to stay, remain; to be(come); **-se con** to keep

querer (ie) to wish, want; to love, like; **— decir** to mean; **¿(no) quieres . . .?** will you (won't you) . . .?; **como quiera(s)** just as you please, suit yourself

querido (my) dear(est), darling

quicio hinge

quitar to take (away) from, deprive

quizá(s) perhaps, may be

R

rabia rage, fury

rama branch, stalk

rápidamente quickly

rapidez *f.* speed; **entra con ansiosa —** hurries in anxiously

rápido rapid(ly), quick(ly)

rapto rapture; **en un — de miedo** terrified

raro unusual, rare, strange

rato period of time, while, short while, moment; **al poco —** after a short while

razón *f.* reason, argument; right; **tener —** to be right

razonable reasonable

razonamiento reasoning, (logical) argument

razonar to reason, have one's mind function

reacción reaction

real real, actual, true

realidad reality; **en —** actually

realización realization

realizar to accomplish

reanimar to revive, encourage, cheer up

rebosar to overflow; **la vida te rebosa** you are teeming with life

rebozo muffler; **sin —** openly

recién llegado newcomer

reclamar to claim, demand, have a claim on, be after

reclinar to recline, lean (back)

recoger to gather

recomendación recommendation, suggestion

recomendar (ie) to recommend, charge, intrust; **— . . . nadie** to make sure . . . no one

reconcentrado self-centered

reconciliarse to make up, be friends again

reconocer to recognize, admit

recordar (ue) to remember, recall, remind

recostar (ue) to lean, recline; **-se** to lean back (against)

recuerdo recollection

rechazar to reject

reducir to reduce

referirse (ie) (a) to refer (to)

reflejar to reflect

reflexión reflection, thought

reflexionar to reflect, think (it over)

refugiarse to take refuge

regenerar to regenerate

región region

regla rule

rehuir to shun, avoid, evade

reino kingdom

reír(se) (i) (de) to laugh (at)

relación relation(ship); no tener — con to have nothing to do with

relativamente relatively

relato statement, account, tale

reloj *m.* watch, clock

remediar to remedy; no lo puedo — I can't help it

remedio remedy, help, cure, way out (of this), solution; no hay — it can't be helped, there's no way out

remover (ue) to move, stir

rencor *m.* rancor, grudge; guardar — to hold a grudge (against)

renunciar (a) to renounce, give up

reñir (i) to quarrel, scold

reparar (en) to notice, note; no — en not to hesitate (mind)

repartido distributed

repasar to glance over, review

repaso review

repeler to repel

repente: de — suddenly

repentino sudden

repetir (i) to repeat

reportarse to control oneself

representar to act, play (a role)

reprimir to suppress, restrain; -se to get a hold of oneself

repuesto recovered, having recovered himself

repugnante disgusting

reservado shy(ly), cautious(ly)

reservar to reserve, hold (in store)

residencia residence; (school-) building with living quarters for students

resignado resigned, patient

resignarse (con) to resign oneself, submit (to)

resistir(se) to resist, stand, hold out (against)

resolver (ue) to resolve, solve, decide; a medio — half solved

respecto a in regard to

respetar to respect

respeto(s) respect

respiración breathing

respirar to breathe, relax; se respira one breathes, can relax

resplandear to shine

resplandecer to glitter, shine

responder to answer, respond; — a to satisfy the requirements of

resultado result

resultar to result, turn out, be (seem, sound)

retener to retain, detain, stop, hold back

reto defiance, challenge

retorcer(se) (ue) to twist

retrasado behind time, late, backward

retroceder to fall back, draw back, retreat

revelación revelation

revelar to reveal

revivir to revive, live again (normally)

ridículo ridiculous; pasar por

el —, **ponerse en** — to make
a fool of oneself, look ridiculous
rigidez *f.* rigidity
rígido stern, inflexible
rincón *m.* corner, cozy nook
riñón *m.* kidney
risa laughter
risueño smiling, pleasant
rodear (de) to surround (by)
rodilla knee; **de -(s)** kneeling, on my (your, *etc.*) knees;
caer de -s to kneel

rogar (ue) to ask, beg; **te (se)
lo ruego** I ask it of you, I
beg you, please
rojo red
romper to break, break down,
tear; — **a** to burst forth,
begin
rostro face
roto *p.p. of* romper
ruido noise
ruina ruin
rumor *m.* sound, noise, rumor;
con -es audibly

S

saber to know, be able, know
how; to savour, taste; **ya sé**
I know very well; **ya, ya lo
sé** I am certainly aware
sabio wise, learned
sacar to take out; **puede ir
-ando** it can gradually pull
out
sacudir to shake (off)
sagacidad sagacity, cleverness
salida exit
salir to go out, leave, come out,
set out; **-(le) mal (a uno)**
to turn out poorly (for someone), fail
salón *m.* parlor, living room
saltar to jump, leap, snap (at)
saludable healthy
saludo greeting, salutation
salvo except; — **(que)** unless,
excepting (that)
sarcástico sarcastic(ally)
satisfecho satisfied
secar to dry
seco dry, drily
secretaria secretary
secreto secret; **en** — secretly
seguida: en — at once, right
away, immediately

seguir (i) to follow, continue,
go on
según according to, as; that depends
seguridad security, safety, confidence, (self-) assurance
seguro sure, safe, confident; of
course
sellar to seal
semblante *m.* face, countenance
semejante similar, such (a)
semiabierto half-open
semilla seed
sensación sensation, feeling
sentar (ie) to seat; **-se** to sit
down
sentimiento sentiment; sorrow
sentir (ie) to regret, feel, be
aware of, hear; **-lo** to be
sorry
señal *f.* sign, signal
señor gentleman, sir, Mr.; **los
-es** these distinguished people
señora lady, madam
señorita Miss, young lady
separar to separate; **-se** to
separate, move away
ser to be, become, happen; **es
que** the fact (point) is, it

happens that, because, *etc.*
(*often untranslatable*); **sea
como sea** be it as it may,
anyway; *m.* (human) being,
creature

serenarse to calm oneself

sereno calm(ly)

serie *f.* series, number (of)

seriedad seriousness, braveness

serio serious(ly), earnest(ly),
conservative; **en — seriously,
in earnest**

servir (i) to serve, do, be
good, be of use; **no nos sirve**
is of no use to us; **que esto
sirva de** may this serve as a

severo severe(ly)

si if, whether; why, but

sí yes, indeed; **¿sí?** you did,
did you? he is, is he? *etc.*

sí (*often used with* **mismo, -a,
-os, -as** *for greater emphasis*)
himself, herself, yourself, itself, themselves, yourselves

siempre always, ever; **como —**
as usual; **lo de — the usual
thing**

sien *f.* temple

significar to mean

significativo significant

siguiente following, next

silbar to whistle, hiss

silencio silence, pause

silla chair

sillón *m.* easy chair

simpatía liking, affection

simpático nice, likable

simple simple, candid, mere

simular to pretend

sin without

sinceridad sincerity

sincero sincere

sino but (= but rather), except

siquiera at least, even; **ni
(. . .) — not even**

sitio place

situación situation

situar to station, place

sobra: de — more than enough,
only too well, precisely

sobrar to be more than enough,
have left over; **sobra tiempo**
there is plenty of time

sobre on, upon, above, over;
— todo especially, above all

sobrecogido startled, set astir

sobreponerse to overcome,
master one's emotions

sobresaltarse to be(come)
startled

socorro help, assistance

sofá *m.* sofa

sofocado (feels himself) stif-
ling

sol *m.* sun, sunlight

soledad loneliness, being alone

soler (ue) usually, to be wont
(accustomed) to (*used only
in the pres. & imp.*)

solitario solitary, lonely

solo alone, only, lone, single,
abandoned, by myself (yourself, *etc.*)

sólo only

soltar (ue) to release, let go,
drop

solución solution

sollozar to sob

sombrío sombre(ly), gloomy,
gloomily

sonar (ue) to sound, be heard

sonoro resounding, loud

sonreír (i) to smile

sonriente smiling

sonrisa smile

soñador reminiscent(ly),
dreamily

soñar (ue) to dream

soportar to stand, bear

sordo deaf, muffled

sorprendente surprising
sorprender to surprise
sorpresa surprise
sospechar to suspect
suave soft(ly)
suavidad softness, tact
subido mounted, perched, up
subir to go up, climb
súbito sudden
submarino submarine, under-
water
subrayar to underline, under-
score, emphasize
suegra mother-in-law
suele(n) *see* soler
suelo floor, ground
sueño dream; **tener —** to be
sleepy
suficiente enough
sufrimiento suffering

sufrir to suffer; **que sufra** let
him suffer
sugerir (ie) to suggest
sugestionado influenced
suicidio suicide
sujetar to take a tight hold
(of)
sumido sunk, engulfed, absorbed
superar to overcome
superior superior, from above,
from the head
suponer to suppose, imagine,
realize; **se supone** is supposed
to be
suposición assumption
supremo supreme, final
susceptible sensitive, touchy
suspirar to sigh
suspiro sigh
susto fear, fright
sutil subtle, clever

T

tabaco tobacco, cigarette(s)
tablero board
tacto tact; (sense of) touch;
con — tactfully
tal such (a); **— vez** perhaps,
perchance, may be; *see* **qué**
talento talent
talle *m.* figure, waist; **enlazando por el — a** putting her
arm(s) round the waist(s)
of; **la rodea el —** puts his
arm round her waist
tallo stem, sprout; pedestal (*of
small table*)
también also, too
tampoco neither, either
tan so, as, such (a)
tantear to grope, feel, feel one's
way, play with
tanto so much, to such an ex-
tent; **por (lo) —** therefore;

en — que while; *m.* point,
goal
tardar to be late, delay, be
(take) long; **no -á** he will
be here presently; **— en +**
inf. to take a long time to;
no -é (-ás, *etc.***) en I** (you,
*etc.***) will soon
tarde late; *f.* afternoon, evening; **buenas -s** good afternoon (evening)
teatro theatre
tejedora weaver
telefonear to telephone
telón *m.* curtain
tema *m.* subject, theme, discus-
sion
temblar (ie) to tremble, quiver
temblor *m.* trembling, tremor
tembloroso trembling
temor *m.* fear, dread

temoroso fearful(ly)

tenaz stubborn(ly)

tender (ie) to tend, spread (out), extend, hold out

tener to have; — (. . .) **que** to have (. . .) to; — . . . **años** to be . . . years old; — **lugar** to take place

tensión tension

tenso tense, taut

terminante firm(ly), positive-(ly), peremptorily

terminar (de) to end, finish, complete; **han — ado** there are no more

término: primer — front of the stage

ternura tenderness, fondness

terraza terrace

terriblemente terribly

tertulia informal social gathering, party

tiempo time; weather; **a un —** at the same time; **a —** (**de**, **para**) (just) in time (to); **hace — (que)** some time ago

tímido timid(ly)

tiniebla(s) darkness

típico typical

tipo type, pattern; fellow ("guy")

tirar to throw (away) — **de** to pull

titubear to stagger, hesitate

tobogán *m.* toboggan

tocar to touch; to play

todavía yet, still, even

todo all, every, whole; *neuter* everything, anything; **sobre —** especially, above all; **del —** entirely, completely; *pl.* all, everybody, every

tomar to take, enjoy; **toma(d)** have, here; **tómalo** here it is

tono tone (of voice)

tontería(s) nonsense

tonto foolish, silly, brainless; *m.* fool, dunce

torpe stupid, clumsy; **el muy** . . . ¡**torpe!** the utterly . . . stupid fellow!

torpeza stupidity, clumsiness

tortolito little turtle dove. sweetheart

torturar to torture

torreta tower

totalmente completely

trabajar to work

trabajo work; effort

traer to bring, carry, have, give; **trae** give it to me

tragedia tragedy

traje suit, costume; — **de baño** bathing suit

tranquilidad tranquility; **con —** calmly

tranquilizar to calm; **-se** to calm down, relax

tranquilo tranquil, calm

transición transition (*sudden change in tone & expression of actor*)

tras behind, after

traspasar to cut to the quick

tratar to treat, deal (with), discuss; — **de** + *inf.* to try to, attempt; **-se de** to be a question of, be involved, take place

través: a — de through

tremendo tremendous

triste sad(ly), gloomy, gloomily

tristeza sadness, gloominess, unhappiness; **con —** gloomily

triunfante triumphant(ly)

trivial ordinary, casual(ly)

tropezar (ie) (con, en) to come (upon), meet, stumble (over)

tropiezo stumble, slip

turbado disturbed, confused

U

u or
¡uf! my! phew!
último last
único only, unique
unir to unite, join

unos some, several, a few, a bunch (pack, lot) of, about
usar to use, make use of; to wear
útil useful
utilizar to use

V

vacaciones *pl.* vacation
vacilación hesitation, doubt
vacilante hesitating(ly)
vacilar to hesitate
vacío empty, hollow; *m.* void, empty space
vago vague
valer to be worth; **— más** to be better
valioso valuable, to be esteemed
valor *m.* courage; value
vamos *see* **ir**
vanidad vanity
vanidoso vain creature
vano vain, useless; **en —** in vain; **lo —** the uselessness (futility)
varios various, several
vaya *see* **ir**
vecinita (little) neighbor girl
vecino neighbor
velador(cito) (little) lamp table, end table
velar to veil, hide; to stay up, watch
vencer to conquer, overcome, win (from)
venir to come
ventana window
ventanal *m.* large window
ver to see; **se ve** it is evident
verdad truth, true; **¿ — ?** isn't it so? haven't you? doesn't he? *etc.*; **de —** really; **viven de —** have a real life

verdadero true, real
vergüenza shame, shyness; **les dió —** they were embarrassed
verter (ie) to shed, pour, spill
vestido suit, dress, clothing
vestir (i) (de) to dress (in); **a medio —** partially dressed
vete *see* **irse**
vez *f.* time; **una —** once; **otra —** again; **de una —** at once, once and for all; **tal —** perhaps, may be; **a la —** at the same time; **en — de** instead of; **cada — más** more and more; **a veces** at times, sometimes; **muchas veces** often; **algunas veces** sometimes, occasionally
vibrando, vibrante vibrant(ly), quivering (with emotion)
vibrar (de) to vibrate (with)
vicio vice
víctima victim
victoria victory
vida life
vidente seeing (*among blind*), sighted; *m.* seer, seeing ("sighted") person
vieja old; *f.* old woman
viejo old; *m.* old man
viento wind
violencia violence; **con —** violently
violento violent(ly), furious(ly)
visión vision, sight

visita visit, visitor

vista sight, eyesight, eyes; **perder de —** to lose sight of

vivacidad vivaciousness, liveliness

vivamente energetically

vivaz vivacious, bright, lively

vivir to live

voluntad will, good will

volver (ue) to return, come back, turn, take back; **— a + *inf.*** to (do something)

again; **-se** to turn around, return; **-se con** to go back to

voz *f.* voice; **a su —** on hearing him (her); **en — baja** in a whisper

vuelta return, walk (around); **dar una (la) —** to take a walk (around), make the rounds (of); **dar la —** to turn around, go back

vulgar ordinary, coarse, commonplace

Y

y and

ya already, now, all right, in due time, soon, well enough, indeed; *sometimes best un-*

translated; **ya no, no (. . .) ya** no longer, any more; **ya que** since